CONTABILIDADE DE CUSTOS

O GEN | Grupo Editorial Nacional – maior plataforma editorial brasileira no segmento científico, técnico e profissional – publica conteúdos nas áreas de ciências sociais aplicadas, exatas, humanas, jurídicas e da saúde, além de prover serviços direcionados à educação continuada e à preparação para concursos.

As editoras que integram o GEN, das mais respeitadas no mercado editorial, construíram catálogos inigualáveis, com obras decisivas para a formação acadêmica e o aperfeiçoamento de várias gerações de profissionais e estudantes, tendo se tornado sinônimo de qualidade e seriedade.

A missão do GEN e dos núcleos de conteúdo que o compõem é prover a melhor informação científica e distribuí-la de maneira flexível e conveniente, a preços justos, gerando benefícios e servindo a autores, docentes, livreiros, funcionários, colaboradores e acionistas.

Nosso comportamento ético incondicional e nossa responsabilidade social e ambiental são reforçados pela natureza educacional de nossa atividade e dão sustentabilidade ao crescimento contínuo e à rentabilidade do grupo.

WINDSOR ESPENSER VEIGA

FERNANDO DE ALMEIDA SANTOS

CONTABILIDADE DE CUSTOS

Gestão em Serviços, Comércio e Indústria

> Exemplos Práticos e Estudos de Caso
> Exercícios Propostos com Respostas
> Questões do Enade e do Exame de Suficiência (CFC) com Desenvolvimento da Resolução

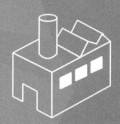

Os autores e a editora empenharam-se para citar adequadamente e dar o devido crédito a todos os detentores dos direitos autorais de qualquer material utilizado neste livro, dispondo-se a possíveis acertos caso, inadvertidamente, a identificação de algum deles tenha sido omitida.

Não é responsabilidade da editora nem dos autores a ocorrência de eventuais perdas ou danos a pessoas ou bens que tenham origem no uso desta publicação.

Apesar dos melhores esforços dos autores, do editor e dos revisores, é inevitável que surjam erros no texto. Assim, são bem-vindas as comunicações de usuários sobre correções ou sugestões referentes ao conteúdo ou ao nível pedagógico que auxiliem o aprimoramento de edições futuras. Os comentários dos leitores podem ser encaminhados à **Editora Atlas Ltda.** pelo e-mail editorialcsa@grupogen.com.br.

Direitos exclusivos para a língua portuguesa
Copyright © 2016 by
Editora Atlas Ltda.
Uma editora integrante do GEN | Grupo Editorial Nacional

Reservados todos os direitos. É proibida a duplicação ou reprodução deste volume, no todo ou em parte, sob quaisquer formas ou por quaisquer meios (eletrônico, mecânico, gravação, fotocópia, distribuição na internet ou outros), sem permissão expressa da editora.

Rua Conselheiro Nébias, 1384
Campos Elísios, São Paulo, SP – CEP 01203-904
Tels.: 21-3543-0770/11-5080-0770
editorialcsa@grupogen.com.br
www.grupogen.com.br

Designer de capa: Caio Cardoso

Projeto gráfico: Monnerat

Editoração Eletrônica: Set-up Time Artes Gráficas

CIP-BRASIL. CATALOGAÇÃO NA PUBLICAÇÃO
SINDICATO NACIONAL DOS EDITORES DE LIVROS, RJ

V528c

   Veiga, Windsor Espenser
     Contabilidade de custos: gestão em serviços, comércio e indústria / Windsor Espenser Veiga, Fernando de Almeida Santos. – 1. ed. – São Paulo: Atlas, 2017.

     Inclui bibliografia.
     'Exemplos Práticos e Estudos de Caso, Exercícios Propostos, Questões do Enade e do Exame de Suficiência, (CFC) com Desenvolvimento da Resolução'.
     ISBN 978-85-97-00825-8

     1. Contabilidade – Problemas, questões, exercícios. 2. Serviço público – Brasil – Concursos. I. Santos, Fernando de Almeida. II. Título.

16-34503

CDD:657
CDU:657

Material Suplementar

Este livro conta com o seguinte material suplementar:

- *Slides* para apresentação (restrito a docentes).

O acesso ao material suplementar é gratuito. Basta que o leitor se cadastre em nosso *site* (www.grupogen.com.br), faça seu *login* e clique em GEN-IO, no menu superior do lado direito.

É rápido e fácil. Caso tenha dificuldade de acesso, entre em contato conosco (sac@grupogen.com.br).

GEN-IO (GEN | Informação Online) é o repositório de materiais suplementares e de serviços relacionados com livros publicados pelo GEN | Grupo Editorial Nacional, maior conglomerado brasileiro de editoras do ramo científico-técnico-profissional, composto por Guanabara Koogan, Santos, Roca, AC Farmacêutica, Forense, Método, Atlas, LTC, E.P.U. e Forense Universitária. Os materiais suplementares ficam disponíveis para acesso durante a vigência das edições atuais dos livros a que eles correspondem.

SUMÁRIO

Apresentação, xiii

Prefácio, xv

Introdução, 1

1 Conceitos básicos para desenvolvimento e implantação de custos, 3
  1.1 Relação dos custos com o lucro, 4
  1.2 Contabilidade de custos, 4
  1.3 Sistema de informações contábeis, 4
      1.3.1 Sistema de informações gerenciais, 6
  1.4 Gastos: investimentos, custos, despesas e perdas, 6
      1.4.1 Investimentos, 7
      1.4.2 Custos, 7
      1.4.3 Despesas, 12
      1.4.4 Perdas, 12
  1.5 Princípios contábeis aplicados a custos, 12
      1.5.1 Princípio da realização da receita, 12
      1.5.2 Princípio do custo histórico como base de valor, 12
      1.5.3 Consistência ou uniformidade, 13
      1.5.4 Conservadorismo ou prudência, 13
      1.5.5 Materialidade e relevância, 13
      1.5.6 Princípio da competência ou da confrontação entre despesas e receitas, 13
  1.6 Considerações sobre o capítulo, 13
  1.7 Exercícios, 14

2 Nomenclaturas, classificação dos custos e métodos de custeio, 23
  2.1 Classificação dos custos, 23
      2.1.1 Classificação dos custos conforme o processo de produção, 24
      2.1.2 Classificação dos custos conforme o volume de produção, 24
      2.1.3 Classificação dos custos conforme o objeto, 26

VIII SUMÁRIO

2.2 Fases do custo industrial, 28
2.3 Classificação dos métodos de custeio, 29
2.4 Ciclos econômico, operacional e financeiro, 30
2.5 Considerações sobre o capítulo, 33
2.6 Estudo de caso, 33
2.7 Atividades, 33
2.8 Exercícios, 34

3 Custeio por absorção, 37
3.1 Custeio por absorção, 38
3.2 CIF – custos indiretos de fabricação/produção, 39
    3.2.1 Rateios, 39
3.3 Considerações sobre o capítulo, 44
3.4 Exercícios, 45

4 Custeio variável ou direto, 55
4.1 Custeio variável, 55
    4.1.1 Vantagens do custeio variável, 56
    4.1.2 Desvantagens do custeio variável, 56
4.2 Modelo de DRE – demonstração do resultado do exercício, 56
4.3 Custeio variável *versus* custeio por absorção – Caso 1, 57
    4.3.1 Análise dos métodos de custeio, 60
4.4 Custeio variável – Caso 2, 62
4.5 Custeio variável – Caso 3, 63
4.6 Considerações sobre o capítulo, 65
4.7 Exercícios, 65

5 Custeio ABC, 71
5.1 Custeio baseado em atividades (*activity based costing*), 72
5.2 Prováveis vantagens e desvantagens do custeio ABC, 72
5.3 Etapas do processo de implantação do sistema de custeio baseado em atividades, 73
5.4 Sistema ABC na prática, 74
5.5 Sistema ABC – exercício-exemplo, 75
5.6 Considerações sobre o capítulo, 78
5.7 Proposta de atividade, 78
5.8 Exercícios, 78

6 Custo padrão, 81
6.1 Custo padrão, 81
6.2 Custo padrão – análise das variações de materiais e mão de obra, 83
6.3 Custo padrão – variação de materiais diretos, 83

SUMÁRIO **IX**

6.4 Custo padrão – variação de mão de obra direta, 84
6.5 Caso prático, 84
6.6 Considerações sobre o capítulo, 86
6.7 Exercícios, 86

7 Formação do preço de venda, *markup* e margem de contribuição – MCU e MCT, 91
7.1 Formação preço de venda (custeio por absorção), 91
7.2 *Markup,* 92
7.3 MCU – margem de contribuição unitária, 94
7.4 MCT – margem de contribuição total, 95
7.5 *Markup* multiplicador, 95
7.6 Exemplo de apuração do preço de venda, 95
7.7 Considerações sobre o capítulo, 98
7.8 Exercícios, 98

8 Custos e precificação para empresas de serviços, 103
8.1 Impacto da precificação inadequada, 103
8.2 Variáveis que devem ser consideradas na precificação, 104
8.3 Aspectos relevantes para precificação, 105
8.4 Proposta simplificada de precificação para micro e pequenas empresas prestadoras de serviços enquadradas no Simples Nacional, 106
    8.4.1 Exemplo 1, 106
    8.4.2 Exemplo 2, 108
    8.4.3 Observações adicionais, 110
8.5 Considerações sobre o capítulo, 110
8.6 Exercícios, 110

9 Análise gerencial de custos, 113
9.1 Custos contribuindo para as decisões organizacionais, 113
9.2 Análise CVL: análise custo/volume/lucro, 115
    9.2.1 Margem de contribuição (MC), 117
    9.2.2 Ponto de equilíbrio (PE), 118
    9.2.3 Margem de segurança (MS), 125
9.3 Indicadores: capacidade de pagamento, atividade e rentabilidade, 125
9.4 Considerações sobre o capítulo, 126
9.5 Exercícios, 127

10 Controle e acompanhamento da alavancagem empresarial, 135
10.1 Conceito de alavancagem, 135
10.2 Alavancagem operacional (GAO – grau de alavancagem operacional), 136

X SUMÁRIO

10.3 Alavancagem financeira (GAF – grau de alavancagem financeira), 137
10.4 Considerações sobre o capítulo, 139
10.5 Exercícios, 139

11 Custos e despesas de pessoal, 143
11.1 Salários, direitos trabalhistas e encargos sociais, 143
    11.1.1 INSS – Instituto Nacional da Seguridade Social, 144
    11.1.2 FGTS – Fundo de Garantia do Tempo de Serviço, 145
    11.1.3 Férias, 145
    11.1.4 13º salário, 145
    11.1.5 Contribuições retidas dos empregados, 145
    11.1.6 Vale-transporte, 145
    11.1.7 RAT, FAP e SAT – seguros de acidentes do trabalho, 146
    11.1.8 Tabela do INSS, 146
    11.1.9 Previsão orçamentária ou análise de salários e encargos, 147
    11.1.10 Indicador de impacto, 148
    11.1.11 Exemplo 1 – contratação por hora, 148
    11.1.12 Exemplo 2 – contratação por valor mensal, 151
11.2 Considerações sobre o capítulo, 152
11.3 Exercícios, 152

12 Estoques e sua importância, 157
12.1 Estoques e a gestão da empresa, 158
12.2 Métodos de avaliação de custo dos estoques, 158
    12.2.1 Fichas de controle de estoques, 159
    12.2.2 Redução ao valor recuperável de estoques – *impairment*, 163
    12.2.3 Estoques reconhecidos como despesa, 164
    12.2.4 Estoques incorporando outros ativos, 164
    12.2.5 Divulgação, 164
12.3 Estoques – aspectos tributários e contábeis, 164
    12.3.1 ICMS – Imposto sobre Operações Relativas à Circulação de Mercadorias e sobre Prestações de Serviços de Transporte Interestadual e Intermunicipal e de Comunicação (Estadual), 165
    12.3.2 IPI – Imposto sobre Produtos Industrializados (Federal), 166
    12.3.3 PIS – Programa de Integração Social (Federal) e COFINS – Contribuição para o Financiamento da Seguridade Social (Federal), 166
    12.3.4 II – Imposto sobre Importação (Federal), 166
12.4 Critério alternativo de avaliação de estoques, 167
12.5 Estoques – informações complementares, 167

12.5.1 Registro de inventário, 168
12.5.2 Registro de entradas, modelo 1 ou 1-A, 168
12.5.3 Registro dos serviços prestados, 168
12.5.4 Registro de serviços tomados, 168
12.5.5 Registro de entrada e saída de selo de controle, 168
12.6 Considerações sobre o capítulo, 168
12.7 Exercícios, 169

Respostas dos exercícios, 175

Referências, 205

APRESENTAÇÃO

Quando recebi este livro para avaliá-lo, logo notei que se tratava de uma obra de extrema importância acadêmica, de boa compreensão para os alunos da área de contabilidade e afins, profissionais da contabilidade, gestores e empreendedores.

Aos primeiros, pela praticidade e didática do conteúdo, no desenvolvimento de seu aprendizado e descoberta de uma alternativa fascinante de carreira; aos profissionais, na revisão e aplicação técnica de seu conteúdo; e aos gestores e empreendedores, pela importância de uma ciência fundamental para a saúde de seus negócios.

Os autores, Fernando e Windsor, são pesquisadores e estudiosos da contabilidade, e o lançamento deste título motiva ao estudo e aperfeiçoamento da percepção do tema "custos", que deve, realmente, ser sempre aprimorado nas empresas, seja seu segmento indústria, comércio ou serviços, de pequeno a grande porte. Sem dúvida, entender os conceitos de implantação, nomenclatura, classificação, métodos de custeio, controle de estoque, despesas etc. contribui para a alavancagem empresarial.

Isso porque a área de formação do preço de venda é um fator importante na conquista de mercado, de resultados e de destaque nos negócios. Assim, não só é uma questão fundamental para o desenvolvimento do trabalho, como também para uma equilibrada estratégia de negócios.

Há muito por aprender e sempre se busca desenvolvimento. Na contabilidade se pode encontrar toda a oportunidade para o melhor desenvolvimento, estratégia e sucesso dos negócios. E, neste livro, percebe-se o potencial da profissão contábil e da importância desse profissional na vida das organizações: uma interessante e gratificante carreira.

Gildo Freire de Araújo
Contador e empresário da contabilidade

PREFÁCIO

Conheço os Professores Fernando Almeida e Windsor Veiga há mais de uma década. Durante todo esse tempo, sempre se destacaram pela seriedade e empenho com as quais empreendem suas atividades, seja como professores, pesquisadores, profissionais, ou como autores didáticos da área contábil. É deles este outro livro de sucesso: *Contabilidade: com ênfase em micro, pequenas e médias empresas*, publicado pelo GEN | Atlas.

Custos são de fundamental importância para as empresas. Custos são necessários para que sejam gerados os produtos, numa atividade industrial; ou, para o desempenho dos serviços, nas atividades de serviços. Decisões corretas sobre eles são de fundamental importância para a sobrevivência e sucesso de uma firma. Surge assim a necessidade de reconhecê-los, medi-los e informá-los corretamente.

Neste livro, os autores apresentam as técnicas de custo, com elevado apuro conceitual, e tratam tanto aspectos teóricos quanto aspectos próprios da realidade brasileira, como contribuições sobre a folha de pagamento e impostos. Tudo isso de maneira clara, objetiva e didática; valendo-se de suas experiências como professores universitários e profissionais.

Deve ser dito, por fim, que os autores têm prestado relevantes serviços à área contábil, também atuando junto aos órgãos de classe. Têm assim uma atuação que se consolida em várias esferas de suas vidas profissionais e que incorporam em seus livros.

Prof. Dr. Antonio Benedito Silva Oliveira
Professor do Mestrado da PUC-SP e da FATEC-Osasco

A obra de autoria dos Doutores Windsor Veiga e Fernando Almeida é uma ferramenta de alta qualidade para profissionais, alunos e pesquisadores que necessitam de uma leitura de fácil acesso com conteúdo rico e detalhado. A literatura de Custos fica assim enriquecida por mais esta obra dos experientes pesquisadores e docentes.

Prof. Dr. Marcos Reinaldo Severino Peters
Professor do Mestrado da FECAP – Fundação Escola de Comércio Álvares Penteado

XVI PREFÁCIO

É um livro completo e que mostra cada conceito de forma bem clara, completa, específica, lista exercícios para melhor entendimento dos conceitos e também mostra muitos exemplos de aplicações práticas na tomada de decisões estratégicas. O capítulo sobre custos e despesas de pessoal possui informações para o correto cálculo dos encargos trabalhistas, o que consiste em um diferencial. O capítulo sobre estoques e sua importância, além de todo conteúdo de logística, inclui cálculo dos impostos incidentes.

Prof. Dr. Luiz Teruo Kawamoto Junior
Professor do IFSP – Instituto Federal de São Paulo

AGRADECIMENTOS

À Editora Atlas | Grupo GEN, sempre preocupados em oferecer o melhor; aos professores, amigos, alunos, pesquisadores, empresários e demais interessados, que contribuíram com sugestões e observações para um melhor direcionamento e aplicabilidade desta obra.

Ao Sr. Alcides dos Santos, que sempre tão gentilmente contribuiu com a revisão ortográfica.

Às IES – Instituições de Ensino Superior, comprometidas com o processo de ensino e aprendizagem e na valorização de seus profissionais.

Aos Professores: Dr. Luiz Teruo Kawamoto Junior, Dr. Marcos Reinaldo Severino Peters e Dr. Antonio Benedito Silva Oliveira.

Ao competente e dedicado contador Gildo Freire de Araújo.

Às entidades de classe, sindicatos, conselhos regionais, Conselho Federal de Contabilidade e demais entidades, sempre preocupados com o desenvolvimento e aperfeiçoamento profissional.

Às nossas famílias, esposas e amigos; e a todos que direta e indiretamente contribuíram para a realização de mais esta obra, que busca contribuir de forma didática e adequada no direcionamento ao entendimento da relevância da observação dos componentes de **custos** para o sucesso de gestão de todos os envolvidos.

INTRODUÇÃO

Este livro, atualizado, que reúne teoria e prática, busca por meio de uma linguagem didática disponibilizar material diferenciado para:

a. Auxiliar o preparo dos alunos para o Enade nas áreas de ciências contábeis, administração, engenharia de produção e em diversas áreas de tecnologia que abordam gestão e custos.

b. Melhorar o desempenho dos candidatos ao Exame de Suficiência em Contabilidade do CFC – Conselho Federal de Contabilidade, pois é perceptível a dificuldade desses alunos na disciplina de contabilidade de custos.

c. Capacitar profissionais para a gestão de custos, possibilitando melhores resultados empresariais e, consequentemente, maior competitividade.

Com a evolução da sociedade, passamos do mercantilismo para a era industrial, e a área de custos se desenvolveu muito. Esse fato possibilitou identificar e analisar o resultado e direcionar a gestão para o acompanhamento e controle dos custos. Portanto, a contabilidade de custos é a técnica utilizada para mensurar, identificar e informar os custos da produção, da comercialização e da prestação de serviços.

Atualmente, com a globalização, estamos em uma sociedade predominantemente de serviços, em que a contabilidade de custos é fundamental para garantir diferenciais, em um ambiente competitivo e dinâmico.

A globalização consiste na concorrência entre as empresas em um ambiente com muita facilidade de transporte de pessoas, de bens, de capital e de informação. As crises são mundiais ou internacionais, e a valorização e desvalorização das moedas e outros fatores necessitam de uma gestão de custos moderna, ágil e estratégica. Com essa perspectiva foi elaborado este livro.

Destaca-se, ainda, que, no Brasil, atualmente, o setor de serviços representa aproximadamente 70% do PIB. Por isso, esse setor também foi abordado. Observa-se que a contabilidade de custos, com seus procedimentos, normas e formas de avaliação, é uma poderosa ferramenta para controle e gestão de todas as entidades.

Logo, o livro, por meio de uma linguagem simples, possibilita aos alunos, pesquisadores, empresários, empreendedores, gestores, administradores, contadores, engenheiros, tecnólogos e outros profissionais adquirir conhecimentos necessários para otimizar os recursos e as atividades disponíveis, de forma adequada, direcionando a gestão para a obtenção de melhores resultados.

Este livro, ainda, possui os seguintes diferenciais:

- Exercícios com respostas desenvolvidas pelos autores em todos os capítulos, inclusive questões de Exames de Suficiência anteriores do CFC – Conselho Federal de Contabilidade – e de avaliações anteriores do Enade.
- Em todos os capítulos são abordados os objetivos e as competências desenvolvidas.
- Atualização, pois está adaptado às novas Normas Brasileiras de Contabilidade e aos padrões internacionais (IFRS).
- Aborda prestação de serviços, e há um capítulo muito inovador que ensina a precificar os custos dos serviços.
- Há abordagem das normas contábeis de custos para as empresas de todos os portes, além de abordagem específica para micro e pequenas empresas.
- Enfoque para a tomada de decisões.
- Disponibiliza para os docentes, no *site* do Grupo GEN, apresentação em PowerPoint.

A contabilidade está em constante aperfeiçoamento dos seus procedimentos, sendo destacadas as normas de contabilidade alinhadas aos padrões internacionais, como as seguintes:

- **IFRS** – *International Financial Reporting Standards* (IAS 2) – Pronunciamento Técnico **CPC 16**;
- Comitê de Pronunciamentos Contábeis **CPC – PME**;
- **NBC TG 1000** (CFC 1.255/09), **Seção 13 – Estoques**.

Concluindo, o leitor terá condições de entender aspectos importantes relacionados aos estoques, às diferentes formas de custeio, à formação do preço de venda, à gestão dos custos de pessoal e à análise dos custos (margem de contribuição, ponto de equilíbrio, margem de segurança e alavancagem empresarial).

Portanto, convidamos para apreciar esta obra, *Contabilidade de custos*, que aborda um tema muito relevante para o ambiente corporativo, nos diferentes setores da economia.

Desejamos boa leitura e bom aprendizado.

Prof. Dr. Windsor Espenser Veiga
Prof. Dr. Fernando de Almeida Santos

1

CONCEITOS BÁSICOS PARA DESENVOLVIMENTO E IMPLANTAÇÃO DE CUSTOS

> As pessoas hoje conhecem o preço de tudo e o valor de nada.
>
> OSCAR WILDE

> De modo geral, custos podem ser definidos como medidas monetárias dos sacrifícios com os quais uma organização tem que arcar a fim de atingir seus objetivos.
>
> BRUNI e FAMÁ[1]

Neste capítulo, será apresentado o conceito usual da contabilidade de custos, em que gastos significam o sacrifício financeiro para obter qualquer bem ou serviço.

Serão também abordados: terminologia contábil básica; princípios contábeis aplicados a custos e as classificações e nomenclaturas.

CUSTO e CUSTEIO:

Custo é o valor do gasto incorrido indispensável à obtenção do bem ou serviço gerador da renda, enquanto **custeio** é o método utilizado para a obtenção do custo.

O custo é representado pelo valor ou somatório de valores que constituirão o valor gasto na obtenção da mercadoria, produto ou serviço a ser ofertado.

CUSTO ≠ DESPESA:

Custo é diferente de despesa.

A despesa não está vinculada diretamente ao objeto da receita.

---

[1] BRUNI, Adriano Leal; FAMÁ, Rubens. *Gestão de custos e formação de preços. Com aplicações na Calculadora HP 12C e Excel. Série finanças na prática.* 6. ed. São Paulo: Atlas, 2012. p. 1.

4 CAPÍTULO 1

Competências adquiridas com a leitura do capítulo:

❯ Saber classificar os diferentes tipos de gastos.
❯ Conhecer a terminologia básica de custos e as suas formas de classificação.
❯ Identificar e saber aplicar os conceitos básicos de custos.

1.1 RELAÇÃO DOS CUSTOS COM O LUCRO

A importância de custos é fundamental para a manutenção, competitividade, lucratividade e longevidade das entidades, independentemente de seu tamanho, área de atuação, região e localização.

Muitos administradores, empreendedores e gestores somente conseguem identificar os custos que estão diretamente relacionados aos produtos ou serviços, não considerando itens indiretos importantes.

Os custos estão relacionados a aquisição, estocagem, movimentação de matéria-prima e mercadorias, alocação dos custos indiretos, custos de transformação, sistema de movimentação de cargas, custos dos serviços, além da necessidade de controle interno e do processo de logística, entre outros. É importante que os envolvidos com a gestão saibam exatamente o custo envolvido, para a apuração do preço de venda e da margem de contribuição por produto, mercadoria ou serviço.

É importante destacar que o objetivo de um sistema de contabilidade gerencial de uma empresa é o de acumular todos os custos relacionados aos produtos, às mercadorias ou aos serviços prestados, de forma que possibilite analisar e avaliar desempenhos, com a finalidade de propiciar a melhor tomada de decisão. Logo, os temas abordados neste capítulo são muito importantes para o sucesso empresarial.

1.2 CONTABILIDADE DE CUSTOS

A contabilidade de custos é direcionada para a análise dos gastos realizados pelas entidades durante suas atividades operacionais, contribuindo na tomada de decisões, envolvendo as opções de produção, formação de preço e alternativas entre produção própria e terceirizada. Ela contribui na determinação do lucro, processando as informações contábeis, e possibilita, ainda, dados sobre a rentabilidade e desempenho de diversas atividades da entidade, auxiliando no planejamento e controle e no desenvolvimento das operações.

1.3 SISTEMA DE INFORMAÇÕES CONTÁBEIS

O sistema de informações contábeis de uma empresa é muito relevante, incluindo a parte atribuída ao controle de custos.

CONCEITOS BÁSICOS PARA DESENVOLVIMENTO E IMPLANTAÇÃO DE CUSTOS · 5

Ao desenvolver um sistema, igualmente a um bem econômico, há um custo, e deve ser analisado quais serão os benefícios obtidos. O sistema de informação contábil tem que adicionar valor às entidades.

A informação tem seu preço e custo. As entidades não podem se limitar a ter esse sistema de informação apenas para atender a aspectos legais. Portanto, deve-se saber por quais motivos se deve desenvolvê-los:

- atender à legislação e, nesse caso, as empresas têm clareza dessa necessidade;
- realizar o planejamento tributário, possibilitando a redução de custos, de tributos e gerando diferencial competitivo para as empresas;
- possibilitar um planejamento estratégico melhor, antecipando decisões e prevendo situações. O difícil não é prever o futuro, mas sim ter planos alternativos na hipótese de a previsão ter sido equivocada.

Por exemplo, pode-se prever, com certo grau de precisão, aspectos como o crescimento de determinado mercado, a participação das mulheres em um setor, as forças políticas atuais ou as que irão compor o próximo governo ou as tendências dos concorrentes, entre outros temas. Mas, se as previsões estiverem erradas ou surgirem novas variáveis, como deveremos agir? Quais as novas variáveis possíveis?

De forma mais clara, pode-se, também, exemplificar: todas as empresas estavam preparadas para a hipótese de crise financeira em 2008/2009? Mesmo não estando, quais tinham planos alternativos? O bom estrategista é o que possui planos alternativos para os momentos em que não ocorre o previsto, principalmente em momentos de crise, como a atual no Brasil (2015 e 2016).

Conforme se percebe, a contabilidade, em especial a de custos, é muito importante para as entidades. Em um ambiente competitivo, deve-se, sempre, ter diferenciais e/ou menor custo. Logo, essas informações contábeis devem estar muito bem alinhadas para a tomada de decisões. Destaca-se que há muita dificuldade da administração em mensurar as variáveis (ganhos e conscientização) com as informações contábeis.

No desenvolvimento do sistema de informações contábeis, a parte relativa à gestão de custos deve se adaptar às entidades, relembrando que não existe um modelo único, padrão, para todas as entidades.

Diferentes entidades, empresas, pessoas, contadores e gerentes lidam de forma diversa com o mesmo sistema de informação. A utilização pode ser com maior ou menor grau de eficiência, dependendo do nível de qualidade da informação existente.

A informação pode ser benefício ou custo. Depende da habilidade e competência daqueles que a usufruem.

Portanto, os gestores e administradores devem conhecer e auxiliar no desenvolvimento do sistema de informações contábeis da empresa, pois, ainda que eles não possam fornecer informações (alimentar o sistema), devem ter acesso aos dados básicos, para a tomada de decisão, diante de dados compreensíveis, relevantes, confiáveis e comparáveis.

1.3.1 SISTEMA DE INFORMAÇÕES GERENCIAIS

O sistema de informações gerenciais possibilita a interligação e adequada utilização da contabilidade financeira, contabilidade gerencial, contabilidade de custos e sistema orçamentário, gerando relatórios, dados e informações que capacitam e orientam a administração das entidades para executar os melhores procedimentos e a tomada de decisão mais adequada para uma gestão eficiente.

1.4 GASTOS: INVESTIMENTOS, CUSTOS, DESPESAS E PERDAS

Gasto consiste em todo sacrifício (dispêndio) financeiro, presente ou futuro, na aquisição de um bem ou serviço. Se o pagamento for presente (no ato), haverá um desembolso, senão, haverá a existência de uma dívida (passivo/exigibilidade).

Os gastos podem ser:

1. investimentos;
2. custos;
3. despesas;
4. perdas.

CUSTO	= GASTOS NA PRODUÇÃO
DESEMBOLSO	= PAGAMENTO (presente ou futuro)
DESPESAS	= GASTO PARA OBTER RECEITA
INVESTIMENTO	= GASTO ATIVADO
PERDA	= GASTO ANORMAL OU INVOLUNTÁRIO

Algumas concepções sobre custos e nomenclaturas passam despercebidas pelas organizações, confundindo conceitos distintos e importantes para os gestores e administradores apurarem o custo efetivo.

Ao comentar sobre custos relacionados a:

> **produtos**, o entendimento é de algo que a indústria está elaborando;
> **mercadorias**, entende-se a aquisição de produtos já prontos que serão comercializados; e
> **serviços**, considera-se que utilizarão mão de obra, muitas vezes, qualificada e especializada. Em alguns casos, é possível utilizar peças, medicamentos, produtos e componentes que podem ter sido estocados previamente, e cujo armazenamento

CONCEITOS BÁSICOS PARA DESENVOLVIMENTO E IMPLANTAÇÃO DE CUSTOS **7**

e controle de estoques pode ser um diferencial agregador (incluindo a disponibilidade em estoque).

Portanto, conforme já mencionado, os custos significam desembolsos (sacrifícios) financeiros, presentes (à vista) ou futuros (a prazo), resultantes da aquisição de bem ou serviço.

CLASSIFICAÇÃO DOS CUSTOS:

Os custos são classificados em:

1. **Custo primário ou direto:** inclui o MD e a MOD.
   MD – material direto. Matéria-prima e embalagem.
   MOD – mão de obra direta. É aquela mensurada e identificada de forma direta.
2. **Custo de transformação:** inclui a MOD e os CIF/CIP.
   CIF/CIP – custos indiretos de fabricação ou produção são aqueles que não se enquadram como MD nem como MOD.
3. **Custo total, fabril ou contábil:** somatório do custo primário ou direto + os CIF/CIP.
4. **Custo integral ou gastos totais:** somatório de MD + MOD + CIF + despesas.

1.4.1 INVESTIMENTOS

Investimentos são os gastos realizados para a composição da estrutura necessária da atividade-fim do negócio, por exemplo, a aquisição de imóveis, veículos, máquinas e equipamentos, móveis e utensílios, compra do ponto ou franquia, bem como a aquisição de matéria-prima, mercadorias, peças etc., que inicialmente vão para os estoques pelo valor de custo de aquisição. Resumindo, relacionam-se aos bens destinados ao uso da empresa e ativados (fazem parte do ativo da entidade).

Nesse momento, inicia-se uma complexidade tributária, pois o investimento em matéria-prima, mercadorias e peças que compõem o estoque é avaliado pelo custo de aquisição, ou seja, o valor do investimento gasto menos os créditos tributários, se aplicáveis.

Continuando essa análise, observa-se que treinamento, investimento em capital intelectual, marcas, patentes e outros, embora sejam investimentos, na maioria das vezes, são considerados pela contabilidade e pelos gestores como despesa. Tal concepção dificulta aos gestores quantificar os custos empresariais, pois estes serão utilizados para beneficiar períodos posteriores, uma vez que não serão necessariamente consumidos na ocasião.

1.4.2 CUSTOS

Consistem no recurso consumido para a obtenção de bens e serviços. Os custos apropriados serão alocados aos estoques de produtos, normalmente no AC – ativo circulante – (curto prazo).

Os custos são representados pelo investimento em estoques e por todos os itens relacionados diretamente à elaboração de produtos (para empresas industriais), processo de

8 CAPÍTULO 1

aquisição, movimentação e estocagem de mercadorias (para empresas comerciais) e os relacionados diretamente à prestação de serviços ou de determinadas atividades.

Os fretes sobre as compras, seguros, impostos não recuperáveis, armazenagens e outros também compõem o custo dos estoques. À medida que tais mercadorias, produtos e peças são consumidos pelas vendas e serviços prestados, são diretamente considerados como custo do produto vendido, custo da mercadoria vendida ou custo do serviço vendido/prestado, gerando receitas e diminuindo, assim, a conta de estoques.

Todo gasto realizado com tais peças, mercadorias e produtos, antes da efetiva venda, se incorpora ao custo dos estoques, sendo que somente terá impacto no resultado econômico da empresa (lucro ou prejuízo) após a venda do produto, de acordo com o regime de competência (CFC 750/93 e posteriores. Atualmente, 1.282/10).

As empresas calculam o **CPV** – custo do produto vendido – e o **CMV** – custo da mercadoria vendida. Observa-se que é relevante, também, calcular o **CSP** – custo do serviço prestado, mas nem todas as empresas têm habitualidade de calcular, apesar de ser obrigatório pela legislação e pelas Normas Brasileiras de Contabilidade.

Ao procurar por bibliografia pertinente ao CSP, é fácil observar que existe pouca publicação a respeito e isso se deve aos seguintes fatores:

> ❯ O pouco desenvolvimento de teorias de administração e contabilidade sobre a área de serviços, pois a prioridade do início do século XIX, e até quase o final do século XX, era com a indústria de produtos.
>
> ❯ A complexidade e a subjetividade das áreas de serviços, entre outros fatores, derivam de possuírem características muito diferenciadas, maior flexibilidade dos seus produtos, além de fatores mais subjetivos para análise e mensuração da qualidade por parte de seus clientes.
>
> ❯ O fisco exige da contabilidade, mais pontualmente, apenas o cálculo e a apuração do CPV e do CMV.

É importante destacar que o final do século XX e o início do século XXI, por sua vez, são marcados por serviços prestados pelas empresas, havendo urgência no desenvolvimento de métodos e técnicas de análise de custos.

Devido à complexidade da área de serviços, as empresas, em especial as novas no mercado, muitas vezes desconsideram alguns custos relevantes de serviços, acreditando que podem cobrar preços menores. Este é um fator da falência ou da dificuldade financeira de muitas delas.

Portanto, cada vez mais, corretores de seguros, escritórios de engenharia, advocacia, contabilidade, auditoria, organizações comerciais e financeiras, de medicina, odontologia, manutenção de veículos, refeições, *fast-food*, pizzarias, restaurantes, alfaiatarias, salões de estética, hotelaria, cabeleireiros, manutenção em geral, marcenarias, hospitais, clínicas de saúde, escolas, transportes, fretes e carretos, serviços de lavagem de roupas, limpeza, portaria, lavagem de automóveis, cinemas, teatros, telecomunicações, laboratórios,

CONCEITOS BÁSICOS PARA DESENVOLVIMENTO E IMPLANTAÇÃO DE CUSTOS   **9**

imobiliárias e inúmeras outras atividades começam a perceber a importância da apuração de custos, utilizando metodologias específicas sobre o custo do material empregado, bem como da mão de obra utilizada.

1.4.2.1 CMV – CUSTO DA MERCADORIA VENDIDA/CPV – CUSTO DO PRODUTO VENDIDO/CSP – CUSTO DO SERVIÇO PRESTADO

Quando da realização da receita, seus respectivos custos serão baixados dos estoques (ativo circulante) e contabilizados em CMV, CPV ou CSP. Como já mencionado, somente quando os estoques são vendidos é que as receitas são consideradas e apurados os respectivos CMV, CPV ou CSP, influenciando, assim, a apuração do resultado do exercício.

A fórmula usual para a apuração do CMV é a seguinte:

$$\textbf{CMV} = EI + C + II + FC + S - DC - EF$$

Onde:

CMV = custo da mercadoria vendida	**EI** = estoque inicial
C = compras	**II** = Imposto sobre importação
FC = frete sobre as compras	**S** = seguro sobre as compras
EF = estoque final	**DC** = devolução de compras

● EXEMPLO:

Apuração do CMV da **Cia. Luiz Alvarez**. A empresa tem controle de estoque permanente pelo **método do custo médio**.

No balanço patrimonial de 31/12/20X8, o estoque final era de R$ 1,00 e em 31/12/20X9, o estoque final era de R$ 123,00.

Em 20X9, a empresa comprou R$ 6.000,00, teve devolução de compra de R$ 294,00 e frete sobre compra de R$ 391,00. Ainda em 20X9, o frete sobre as vendas (despesa operacional) foi de R$ 501,00 e as vendas foram de R$ 9.000,00, ocorrendo devolução de vendas de R$ 500,00.

Cálculo: CMV = EI + C + II + FC + S (–) DC (–) EF

CMV = 1,00 + 6.000,00 + 0 + 391,00 + 0 – 294,00 – 123,00

CMV = R$ 5.975,00

Se for solicitada a **DRE** – demonstração do resultado do exercício, ficarão evidentes o lucro bruto (resultado com mercadorias) e o lucro operacional, conforme demonstrado a seguir.

<u>**Demonstração de resultado – 31/12/20X9**</u>

Receitas	**R$ 9.000,00**
(–) Devolução de vendas	**(R$ 500,00)**
= Vendas líquidas	**R$ 8.500,00**
(–) CMV	**(R$ 5.975,00)**
= Lucro bruto	**R$ 2.525,00**
(–) Desp. operacional comercial	**(R$ 501,00)**
= Lucro operacional	**R$ 2.024,00**

● EXEMPLO:

Apuração do CPV da **Cia. Lourdes**, com operações ocorridas em janeiro de X1, em que foram produzidas 1.000 unidades:

> › Compras: R$ 10.000,00 de matéria-prima;
> › Compras de material de embalagem: R$ 3.000,00;
> › Mão de obra: R$ 8.000,00;
> › Apropriação da depreciação com equipamentos: R$ 5.000,00;
> › Aluguel da parte fabril: R$ 3.000,00;
> › Gastos diversos: R$ 1.000,00.
> › **Total do período: R$ 30.000,00.**

Foram confeccionados mil produtos, portanto apurado o custo médio unitário de R$ 30,00 (R$ 30.000,00/1.000 un.).

A entidade vendeu 700 unidades, ao valor unitário de R$ 45,00, obtendo, assim, uma receita de vendas de R$ 31.500,00. Logo, o custo da venda é de 700 unidades vezes o custo unitário de R$ 30,00, perfazendo R$ 21.000,00. O resultado fica assim evidenciado:

<u>**Cia. Lourdes – demonstração de resultado – jan. X1**</u>

Receitas	R$ 31.500,00	
(–) CPV	**(R$ 21.000,00)**	**(custo do produto vendido)**
= Lucro	R$ 10.500,00	

CONCEITOS BÁSICOS PARA DESENVOLVIMENTO E IMPLANTAÇÃO DE CUSTOS **11**

Do lucro bruto apurado com a mercadoria, sabe-se que existem impostos incidentes sobre as receitas do período, as despesas operacionais (administrativas e comerciais) e, se for o caso, ainda serão abatidos as despesas financeiras e o imposto sobre a renda e a contribuição social.

A apuração do resultado independe de a receita ter sido recebida e de as despesas terem sido pagas, constituindo-se, assim, na apuração econômica contábil pelo regime de competência (CFC 1.282/10).

Outro valor apurado é o estoque final de R$ 9.000,00, relativo às 300 unidades, ao custo unitário de R$ 30,00, e que faz parte do ativo circulante no balanço patrimonial.

1.4.2.2 CUSTOS DE TRANSFORMAÇÃO/ELABORAÇÃO

Os custos de transformação nos estoques incluem custos diretamente relacionados às unidades de produção tais como mão de obra direta e também a alocação sistemática de custos indiretos de produção, fixos e variáveis.

1.4.2.3 CUSTOS DE ESTOQUES DO PRESTADOR DE SERVIÇOS

Conforme NBC TG 1.000 (CFC 1.255/09), item 13.14:

> Na medida em que os prestadores de serviço tenham estoques de serviços sendo executados, eles os avaliam pelos custos de sua produção. Esses custos consistem, primariamente, de mão de obra e outros custos de pessoal diretamente envolvidos na prestação do serviço, incluindo pessoal de supervisão e custos indiretos atribuíveis. Mão de obra e outras despesas relativas a vendas, e pessoal administrativo geral não são incluídos, sendo reconhecidos como despesas no período no qual ocorrem.

> O custo de estoques de prestador de serviço não inclui margens de lucro ou gastos indiretos não atribuíveis, que muitas vezes são consignados nos preços cobrados pelos prestadores de serviço.

1.4.2.4 CUSTOS PARA ELABORAÇÃO E DESENVOLVIMENTO DE PROJETOS E CONSULTORIAS

Ao elaborar e desenvolver um contrato, é necessário tempo e dedicação, além de, muitas vezes, precisar de apoio de outros profissionais, como o contador ou o advogado. Esses custos até podem estar no risco de o negócio se concretizar ou não.

No momento em que um consultor fornece um preço para uma empresa, é comum a empresa considerá-lo elevado, mas o empresário ou o executivo que está analisando nem sempre tem claro os custos e os benefícios envolvidos. Uma sugestão é sempre incluir na proposta, de forma detalhada, a projeção das horas trabalhadas, os tipos de profissionais e as atividades que serão executadas, além dos diferenciais da sua atividade de consultoria. Mesmo ao fornecer algo mais, devem ser descritos no contrato e nos recibos, para ficar claro

12 CAPÍTULO 1

o trabalho a ser realizado. No caso de contadores e escritórios de contabilidade, ver a Resolução do CFC 987/03 – Contrato de Prestação de Serviços de Contabilidade.

1.4.3 DESPESAS

As despesas são gastos realizados para obter receitas. Entendem-se como recurso consumido fora do processo produtivo e/ou de elaboração de serviços para a obtenção de receita. As despesas operacionais podem se classificar em **administrativas, comerciais** (com vendas) **e outras despesas gerais**. Existem, também, as **despesas financeiras**.

1.4.4 PERDAS

São considerados perdas os fatos imprevistos e decorrentes de fatores externos, anormais, como inundações e incêndios. Podem decorrer, também, de recurso consumido de forma involuntária por fatores internos de imperícia, acidentes ou equívocos na comercialização e/ou confecção de algum produto ou na realização de algum serviço.

1.5 PRINCÍPIOS CONTÁBEIS APLICADOS A CUSTOS

1.5.1 PRINCÍPIO DA REALIZAÇÃO DA RECEITA

Ocorre a realização da receita, de forma geral, quando da transferência do produto (bem) ou serviço.

1.5.2 PRINCÍPIO DO CUSTO HISTÓRICO COMO BASE DE VALOR

Os estoques e demais ativos são contabilizados pelo seu valor de aquisição. Esse valor histórico de aquisição é o registro contábil inicial. A norma atual orienta para a adequação, quando aplicável. O CFC 1.282/10, em seu art. 7º, menciona:

> § 1º As seguintes bases de mensuração devem ser utilizadas em graus distintos e combinadas, ao longo do tempo, de diferentes formas:
>
> II – Variação do custo histórico. Uma vez integrado ao patrimônio, os componentes patrimoniais, ativos e passivos, podem sofrer variações decorrentes dos seguintes fatores:
>
> a) Custo corrente.
> b) Valor realizável.
> c) Valor presente.[2]

---

[2] **Valor presente:** os ativos são mantidos pelo valor presente, descontado do fluxo futuro de entrada líquida de caixa que se espera seja gerado pelo item no curso normal das operações da entidade. Os passivos são mantidos pelo valor presente, descontado do fluxo futuro de saída líquida de caixa que se espera seja necessário para liquidar o passivo no curso normal das operações da entidade.

CONCEITOS BÁSICOS PARA DESENVOLVIMENTO E IMPLANTAÇÃO DE CUSTOS **13**

    d) Valor justo.[3]

    e) Atualização monetária.

1.5.3 CONSISTÊNCIA OU UNIFORMIDADE

Dentro das alternativas válidas de contabilização, os registros e procedimentos contábeis deverão ser consistentes, não devendo ocorrer mudanças de critérios aleatórios. Caso ocorram, deverão constar em notas explicativas às demonstrações financeiras.

1.5.4 CONSERVADORISMO OU PRUDÊNCIA

O profissional de contabilidade, de modo geral, deverá sempre optar pela forma mais conservadora com relação aos registros contábeis.

1.5.5 MATERIALIDADE E RELEVÂNCIA

O critério de classificação contábil, e mais especificamente com relação a **custos**, deverá se preocupar se o benefício será maior que o custo. A dedicação a critérios de rateio, ou de controle dos ativos, somente deverá ser realizada nos procedimentos que envolvam materialidade e relevância.

1.5.6 PRINCÍPIO DA COMPETÊNCIA OU DA CONFRONTAÇÃO ENTRE DESPESAS E RECEITAS

A partir do momento do reconhecimento da receita, deverão ser deduzidos os respectivos custos e despesas relacionados aos esforços realizados para a consecução dessa receita.

1.6 CONSIDERAÇÕES SOBRE O CAPÍTULO

A importância de custos é fundamental para a manutenção, competitividade, lucratividade e longevidade das entidades, independentemente de seu tamanho, área de atuação, região e localização.

Uma empresa, para manter-se em um mercado competitivo, necessita de menores custos e diferencial de mercado. A contabilidade de custos, portanto é fundamental, pois é direcionada para a análise dos gastos, que são:

    a. **Investimentos:** são os gastos realizados para a composição da estrutura necessária da atividade-fim do negócio.

---

[3] **Valor justo:** é o valor pelo qual um ativo pode ser trocado, ou um passivo liquidado, entre partes conhecedoras, dispostas a isso, em uma transação sem favorecimentos. Ver CPC 46.

14 CAPÍTULO 1

b. Custos: são representados pelo investimento em estoques e por todos os itens relacionados diretamente à elaboração de produtos (para empresas industriais), processo de aquisição, movimentação e estocagem de mercadorias (para empresas comerciais) e os relacionados diretamente à prestação de serviços.

c. Despesas: referem-se às despesas operacionais administrativas, comerciais, outras despesas gerais e também às despesas financeiras, que, deduzidas do lucro bruto, direcionam-se para o lucro operacional.

d. Perdas: são considerados perdas os fatos imprevistos e os decorrentes de fatores externos, como inundações e incêndios.

A contabilidade de custos serve para atender ao fisco, ampliar a transparência da empresa e auxiliar no planejamento tributário e estratégico, facilitando a tomada de decisões.

1.7 EXERCÍCIOS

No desenvolvimento dos exercícios a seguir, é interessante relembrar:

a. A fórmula do **CMV** = EI + C + II + FC + S − DC − EF

b. A fórmula do **CPV** (Figura 1.1):

MATÉRIA-PRIMA DISPONÍVEL
(−) EF MP ESTOQUE FINAL DE MATÉRIA-PRIMA
= MP CONSUMIDA
+ MOD MÃO DE OBRA DIRETA
= CUSTO DIRETO OU PRIMÁRIO
+ CIF CUSTOS INDIRETOS DE FABRICAÇÃO/GGF GASTOS GERAIS DE FABRICAÇÃO
= CUSTO DE FABRICAÇÃO/PRODUÇÃO DO PERÍODO
+ EIPE ESTOQUE INICIAL DE PRODUTOS EM ELABORAÇÃO
= CUSTO TOTAL DA PRODUÇÃO
(−) EFPE ESTOQUE FINAL DE PRODUTOS EM ELABORAÇÃO
= CUSTO DOS PRODUTOS DISPONÍVEIS
(−) EFPA ESTOQUE FINAL DOS PRODUTOS ACABADOS
= CPV CUSTO DOS PRODUTOS VENDIDOS

FIGURA 1.1 PROCESSO DE PRODUÇÃO: ABSORÇÃO. MODELO DE CPV

c. A estrutura de uma demonstração do resultado, conforme Anexo 3 da ITG 1000 (CFC 1.418/12) (Figura 1.2):

CONCEITOS BÁSICOS PARA DESENVOLVIMENTO E IMPLANTAÇÃO DE CUSTOS 15

ANEXO 3 – Demonstração do Resultado do Período
DEMONSTRAÇÃO DO RESULTADO
em 31.12.X1 e 31.12.X0
Expresso em R$

	31.12.X1	31.12.X0
VENDAS DE PRODUTOS, MERCADORIAS E SERVIÇOS		
Vendas de Produtos, Mercadorias e Serviços		
(–) Deduções de Produtos, Abatimentos e Devoluções		
= RECEITA		
(–) CUSTOS DAS VENDAS		
Custo dos Produtos, Mercadorias e Serviços		
= LUCRO BRUTO		
(–) DESPESAS OPERACIONAIS		
Despesas Administrativas		
Despesas com Vendas		
Outras Despesas Gerais		
= RESULTADO OPERACIONAL ANTES DO RESULTADO FINANCEIRO		
(+/–) RESULTADO FINANCEIRO		
Receitas Financeiras		
(–) Despesas Financeiras		
(+/–) OUTRAS RECEITAS E DESPESAS OPERACIONAIS		
= RESULTADO ANTES DAS DESPESAS COM TRIBUTOS SOBRE O LUCRO		
(–) Despesa com Contribuição Social (*)		
(–) Despesa com Imposto de Renda de Pessoa Jurídica (*)		
= RESULTADO LÍQUIDO DO PERÍODO		

(*) As entidades que estão enquadradas no Simples Nacional devem evidenciar os tributos na linha "Deduções de tributos, abatimentos e devoluções". Neste caso, devem desconsiderar essas contas.

FIGURA 1.2 ITG 1000 – ANEXO 3 – DEMONSTRAÇÃO DO RESULTADO DO PERÍODO

16 CAPÍTULO 1

1. Classifique as situações a seguir em: investimentos (I), custos (C), despesas (D) ou perda (P):
   a. (   ) Gastos com mão de obra da produção.
   b. (   ) Consumo de matéria-prima.
   c. (   ) Compra de uma máquina.
   d. (   ) Salário do encarregado da fábrica.
   e. (   ) Depreciação de um computador utilizado no escritório da área da contabilidade de uma instituição de ensino.
   f. (   ) Treinamento de funcionário administrativo.
   g. (   ) Compra de um terreno.
   h. (   ) Consumo de estoque de produtos acabados para venda.
   i. (   ) Depreciação de um veículo (área comercial).
   j. (   ) Salário da área de vendas.

2. Considere as afirmações:
   I. Custos são aplicados apenas para indústrias e comércios.
   II. É muito importante as empresas calcularem os custos para serviços.
   III. Os custos podem ser: CPV, CMV e CSP.

   Pode-se afirmar que são verdadeiras:
   a. (   ) Apenas a alternativa I.
   b. (   ) Apenas a alternativa III.
   c. (   ) As alternativas II e III.
   d. (   ) As alternativas I e II.
   e. (   ) As alternativas I e III.

3. Os gastos podem ser:
   a. (   ) Investimentos ou despesas apenas.
   b. (   ) Despesas, investimentos, custos ou perdas.
   c. (   ) Investimentos, custos ou perdas apenas.
   d. (   ) Despesas, investimentos, custos.
   e. (   ) Perdas ou custos apenas.

4. O estoque inicial de mercadorias de uma empresa era de R$ 33.333,00 e o final era de R$ 20.000,00. O custo das mercadorias vendidas durante o período foi de R$ 75.000,00. Qual o valor das compras?

5. Questão 6 do Exame Suficiência CFC 2014.2:
   6. Uma Sociedade Empresária apresentou os seguintes dados de transações realizadas:

CONCEITOS BÁSICOS PARA DESENVOLVIMENTO E IMPLANTAÇÃO DE CUSTOS · **17**

Dados	Valores
› Estoque inicial de mercadorias	R$ 6.250,00
› Compras de mercadorias – valor total da nota fiscal	R$ 16.000,00
› Vendas de mercadorias – valor total da nota fiscal	R$ 18.500,00
› Estoque final de mercadorias	R$ 10.250,00
› ICMS recuperável, destacado na nota fiscal de compra	R$ 2.400,00
› ICMS a recolher	R$ 375,00
› ICMS sobre vendas, destacado na nota fiscal de venda	R$ 2.775,00
› Despesas com salários	R$ 4.000,00
› Despesas com encargos trabalhistas	R$ 480,00

Com base nos dados acima, e sabendo-se que o ICMS sobre as compras é recuperável, a apuração do resultado apresenta:

a. Lucro Bruto de R$ 3.725,00.

b. Lucro Bruto de R$ 6.125,00.

c. Lucro Líquido de R$ 2.125,00.

d. Lucro Líquido de R$ 8.845,00.

6. Questão 26 do Exame Suficiência CFC 2014.2 (Técnico):

26. Durante o mês de julho de 2014, uma indústria que produz seus produtos em ambientes separados do local de comercialização obteve os seguintes gastos:

› Aluguel do prédio da área de vendas	R$ 3.620,00
› Depreciação das máquinas da produção	R$ 3.180,00
› Energia elétrica consumida pela fábrica	R$ 5.240,00
› Mão de obra direta utilizada na produção	R$ 42.400,00
› Matéria-prima consumida	R$ 31.800,00
› Telefone utilizado pelo setor comercial	R$ 530,00

Informações adicionais:

❯ Todas as unidades iniciadas foram concluídas no período.

❯ Não havia produtos em processo no início e no final do período.

Com base nos dados acima, assinale a opção CORRETA.

a. O Custo da Produção Acabada no período foi de R$ 86.770,00.

CAPÍTULO 1

b. O Custo de Produção do período foi de R$ 86.240,00.

c. O Custo de Transformação no período foi de R$ 8.420,00.

d. O Custo Primário no período foi de R$ 74.200,00.

7. Questão 27 do Exame Suficiência CFC 2014.2 (Técnico):

27. De acordo com a classificação adotada pela literatura de Contabilidade de Custos, os recursos consumidos involuntária ou anormalmente; os recursos consumidos direta ou indiretamente para obtenção de receitas; e os recursos consumidos na produção de outros bens ou serviços são classificados, respectivamente, como:

a. Custos, Custos e Despesas.

b. Despesas, Despesas e Custos.

c. Perdas, Custos e Despesas.

d. Perdas, Despesas e Custos.

8. Questão 13 do Exame Suficiência CFC 2011.1:

13. Uma indústria apresenta os seguintes dados:

Aluguel do setor administrativo	R$	80.000,00
Aluguel do setor de produção	R$	56.000,00
Depreciação da área de produção	R$	38.000,00
Mão de Obra Direta de produção	R$	100.000,00
Mão de Obra Direta de vendas	R$	26.000,00
Material requisitado: diretos	R$	82.000,00
Material requisitado: indiretos	R$	70.000,00
Salários da diretoria de vendas	R$	34.000,00
Seguro da área de produção	R$	38.000,00

Analisando-se os dados acima, assinale a opção CORRETA.

a. O custo de transformação da indústria totalizou R$ 302.000,00, pois o custo de transformação é a soma da mão de obra direta e custos indiretos de fabricação.

b. O custo do período da indústria totalizou R$ 444.000,00, pois o custo da empresa é a soma de todos os itens de sua atividade.

c. O custo do período da indústria totalizou R$ 524.000,00, pois o custo da empresa é a soma de todos os itens apresentados.

d. O custo primário da indústria totalizou R$ 208.000,00, pois o custo primário leva em consideração a soma da mão de obra e do material direto.

CONCEITOS BÁSICOS PARA DESENVOLVIMENTO E IMPLANTAÇÃO DE CUSTOS **19**

9. Questão 17 do Exame Suficiência CFC 2012.2:

17. Uma empresa industrial, no mês de julho de 2012, utilizou em seu processo produtivo o valor de R$ 25.000,00 de matéria-prima; R$ 20.000,00 de mão de obra direta; e R$ 15.000,00 de gastos gerais de fabricação.

O saldo dos Estoques de Produtos em Elaboração, em 30.6.2012, era no valor de R$ 7.500,00 e, em 31.7.2012, de R$ 10.000,00.

O Custo dos Produtos Vendidos, no mês de julho, foi de R$ 40.000,00 e não havia Estoque de Produtos Acabados em 30.6.2012.

Com base nas informações, assinale a opção que apresenta o saldo final dos Estoques de Produtos Acabados em 31.7.2012.

  a. R$ 17.500,00.
  b. R$ 20.000,00.
  c. R$ 57.500,00.
  d. R$ 60.000,00.

10. Questão 20 do Exame Suficiência CFC 2015.1 (Técnico):

20. Uma Sociedade Empresária apresenta os seguintes dados:

› Estoque Inicial de Mercadorias	R$	100.000,00
› Custo das Mercadorias Vendidas	R$	250.000,00
› Compras de Mercadorias	R$	340.000,00
› Lucro Bruto	R$	140.000,00

Com base nos dados informados, o valor da Receita com Vendas, desconsiderando os efeitos tributários, é de:

  a. R$ 330.000,00.
  b. R$ 390.000,00.
  c. R$ 580.000,00.
  d. R$ 730.000,00.

11. Questão 13 do Enade 2015 (Exame Nacional de Desempenho dos Estudantes) – Ciências Contábeis:

Questão 13

No quadro a seguir estão demonstradas operações com mercadorias de determinada empresa.

20 CAPÍTULO 1

Data	Descrição	Quantidade	Valor unitário
2/4/2015	Compras	60	R$ 1,50
7/4/2015	Compras	90	R$ 1,80
25/4/2015	Vendas	?	?

Após o inventário físico, realizado em 30/4/2015, verificou-se não ter havido quebra ou perda na movimentação e observou-se que o saldo final correspondia a 20% do saldo de compras e que o preço unitário de venda do produto havia sido de R$ 2,00. A empresa utilizou, para a avaliação de estoque, o critério denominado Custo Médio. Nessa situação, o saldo da conta Estoque e o Custo da Mercadoria Vendida (CMV), em 30/4/2015, são, respectivamente, de:

a. R$ 50,40 e R$ 162,00.

b. R$ 50,40 e R$ 201,60.

c. R$ 90,00 e R$ 50,40.

d. R$ 162,00 e R$ 90,00.

e. R$ 162,00 e R$ 201,60.

12. Questão 20 do Enade 2015 (Exame Nacional de Desempenho dos Estudantes) – Tecnólogo em Processos Gerenciais

Questão 20

Para que um negócio tenha sucesso, uma das estratégias mais eficientes é tornar o produto/serviço indispensável e objeto de desejo para o cliente. Pensando nisso, uma empresa fabricante de garrafas de alumínio reutilizáveis reinventou-se após 100 anos de história. Reestruturou estrategicamente seu modelo de negócio, baseando-se em inovação, design de produto vinculado à sustentabilidade e focando na produção apenas de garrafas, que apresentam vida útil de 10 a 20 anos, são 100% recicláveis e fabricadas em ambiente ecologicamente correto. Os aspectos sustentável e inovador aplicam-se em quase todas as etapas de fabricação, embalagem, distribuição, venda e pós-venda do produto.

TERRA, J. C. **10 dimensões da gestão da inovação**: uma
abordagem para a transformação organizacional.
Rio de Janeiro: Elsevier, 2012 (adaptado).

Considerando essas informações, identifique, entre as possibilidades apresentadas a seguir, as que estão alinhadas ao contexto de sustentabilidade.

I – Aumento da eficiência na gestão do negócio.

II – Redução do desperdício de materiais, energia e custos.

III – Uso de modelo de gestão ecoeficiente, ou seja, que preserva o meio ambiente fazendo mais com menos.

IV – Coragem dos líderes executivos para manter modelos tradicionais de gestão.

CONCEITOS BÁSICOS PARA DESENVOLVIMENTO E IMPLANTAÇÃO DE CUSTOS

É correto apenas o expresso em:

a. I e III.
b. I e IV.
c. II e IV.
d. I, II e III.
e. II, III e IV.

2

NOMENCLATURAS, CLASSIFICAÇÃO DOS CUSTOS E MÉTODOS DE CUSTEIO

O segredo para um controle de custos eficaz é analisar o desempenho de custo de forma regular e pontual. É crucial que as ineficiências e variações de custo sejam identificadas a tempo, de modo que uma ação corretiva possa ser tomada antes que a situação piore. [...].

GIDO e CLEMENTS[1]

Este capítulo tem o objetivo de apresentar as diferentes formas de classificar custos, conforme o processo de produção, o volume e o objeto.

O capítulo ainda apresenta o processo produtivo e como agregar custos em cada etapa. Competências adquiridas com a leitura do capítulo:

> Conhecer e saber classificar as formas de classificação dos custos.
> Conhecer as etapas de produção e saber segregá-las.

Tais conhecimentos são fundamentais para o desenvolvimento de sistemas de informação de custeio, além de possibilitar desenhar a arquitetura gerencial de custos, acompanhando e melhorando os controles e os resultados.

2.1 CLASSIFICAÇÃO DOS CUSTOS

Existem algumas classificações que são utilizadas para os custos, conforme apresentadas a seguir.

---

[1] GIDO, Jack; CLEMENTS, James P. *Gestão de projetos*. Trad. da 3. ed. norte-americana. São Paulo: Thomson, 2007. p. 257.

2.1.1 CLASSIFICAÇÃO DOS CUSTOS CONFORME O PROCESSO DE PRODUÇÃO

2.1.1.1 CUSTOS PRIMÁRIOS

Estão diretamente relacionados aos produtos, de forma primária, por exemplo, a matéria-prima e a mão de obra direta. Os custos originados no próprio departamento são considerados custos primários.

2.1.1.2 CUSTOS SECUNDÁRIOS

Os custos recebidos de outros departamentos, pela metodologia de rateios (custeio por absorção), são considerados custos secundários.

2.1.1.3 CUSTOS DE TRANSFORMAÇÃO

São representados pela soma de todos os custos de produção, excetuando a matéria-prima e os demais produtos adquiridos prontos, empregados nesse processo, sem nenhuma modificação.

Resultam do esforço empregado pela própria empresa na elaboração de um item ou produto, por meio da utilização da mão de obra direta e indireta, dos diversos materiais de consumo fabril, inclusive energia elétrica e outros.

2.1.2 CLASSIFICAÇÃO DOS CUSTOS CONFORME O VOLUME DE PRODUÇÃO

2.1.2.1 CUSTOS FIXOS

São custos que não variam conforme a produção ou a prestação de serviços. Custos fixos são aqueles cujo montante independe do volume de produção, dentro de determinado período, e que não variam, dentro de determinada capacidade produtiva.

 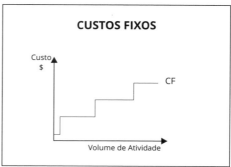

FIGURA 2.1 CUSTOS FIXOS

NOMENCLATURAS, CLASSIFICAÇÃO DOS CUSTOS E MÉTODOS DE CUSTEIO **25**

Mantêm-se constantes, quer a empresa produza ou não, isto é, mantêm-se inalterados qualquer que seja o nível de atividade. Esses custos não se alteram dentro do mesmo intervalo de dimensão, mas, fora dele, já são possíveis alterações.

Exemplos de custos fixos: custos com pessoal, impostos indiretos, aluguel, seguros, depreciação etc.

a. Custos fixos unitários (CFU)

Os custos fixos unitários são variáveis em relação às unidades produzidas. São custos fixos em relação ao período, como um aluguel que está fixado em R$ 3.000,00/mês, porém quanto maior for a produção, menor será esse custo por unidade produzida. O custo fixo unitário é inversamente proporcional às quantidades produzidas. Custo fixo unitário é igual ao custo fixo total dividido pela quantidade produzida.

Isso direciona para que os custos fixos unitários sejam variáveis, ou seja, quanto maior a produção dentro da estrutura existente, menor será o custo fixo unitário.

Exemplo: o custo fixo total é de R$ 20.000,00 mensais. A capacidade de produção é de 200.000 unidades/mês. Se a empresa, em determinado mês, produzir 50.000 unidades, o custo fixo unitário será de R$ 0,40. Se conseguisse produzir a capacidade máxima de 200.000 unidades, o custo fixo unitário reduziria para R$ 0,10. Em gestão de custos, além da otimização da capacidade produtiva, outras variáveis devem ser consideradas, por exemplo, a capacidade atual de consumo pelo mercado, o espaço para estocagem, desembolsos financeiros etc.

b. Custos fixos indiretos de produção

São considerados custos fixos indiretos de produção aqueles que permanecem relativamente constantes independentemente do volume de produção, tais como aluguel do galpão industrial, depreciação e manutenção de instalações e equipamentos fabris, e o custo da administração da fábrica.

2.1.2.2 CUSTOS VARIÁVEIS

São custos que variam conforme a produção ou a prestação de serviços. Os custos variáveis são aqueles cujo montante acompanha o volume de atividade, dentro de certo período, e que variam conforme o volume de produção e/ou serviços e, consequentemente, quanto maior o volume de produção, maior será o consumo de matéria-prima. Veja a Figura 2.2.

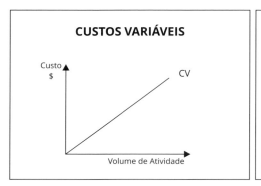 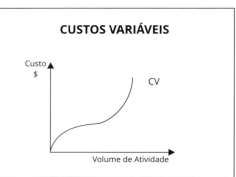

FIGURA 2.2 CUSTOS VARIÁVEIS

2.1.2.2.1 CUSTOS VARIÁVEIS UNITÁRIOS (CVU)

Os custos variáveis unitários são fixos por unidade. Consiste em custo variável unitário o custo proporcional às quantidades produzidas. Exemplo: se 1 kg de matéria-prima custa R$ 1,00, será fixo para o consumo de 100 kg ou de 200 kg.

Deve-se considerar que, em muitos casos, para volumes maiores de produção, será adquirido um volume maior de materiais, o que provavelmente pode direcionar para um custo menor de aquisição por unidade, e pode resultar em menor custo variável unitário.

2.1.3 CLASSIFICAÇÃO DOS CUSTOS CONFORME O OBJETO
2.1.3.1 CUSTOS DIRETOS

São considerados diretos os custos identificáveis com cada produto, de maneira clara, direta e objetiva, cujas associação e apropriação se processam por meio de mensuração direta.

Podem ser identificados e diretamente apropriados a cada tipo de obra ou produto a ser custeado, no momento de sua ocorrência, isto é, estão diretamente ligados a cada tipo de bem ou função de custo. São aqueles que podem ser atribuídos (ou identificados) diretamente a um produto, linha de produto, centro de custo ou departamento. Não necessitam de rateios para serem atribuídos ao objeto custeado.

2.1.3.2 CUSTOS VARIÁVEIS INDIRETOS DE PRODUÇÃO

Custos variáveis indiretos de produção são aqueles custos indiretos de produção que variam diretamente, ou quase diretamente, com o volume de produção, tais como: materiais indiretos e, em alguns casos, energia elétrica, entre outros.

NOMENCLATURAS, CLASSIFICAÇÃO DOS CUSTOS E MÉTODOS DE CUSTEIO

2.1.3.3 CUSTOS INDIRETOS

Custos indiretos são aqueles alocados a cada produto por meio de estimativas e aproximações (custeio por absorção); a associação pode conter subjetividades e o grau de precisão da mensuração pode não ser o adequado. A subjetividade está intrinsecamente relacionada ao conhecimento dos fatores que compõem o processo.

Indiretos são os custos que não se pode apropriar diretamente a cada tipo de bem ou função de custo no momento de sua ocorrência. Os custos indiretos são apropriados ao custo do bem ou serviço mediante o emprego de critérios de rateio predeterminados.

● **EXEMPLOS:**

1. mão de obra indireta rateada pelo total de horas/homem de mão de obra direta;
2. gastos com energia elétrica, com base em horas/máquina utilizadas.

Atribuem-se parcelas de custos a cada tipo de bem ou serviço por meio de critérios de rateio. É um custo comum a diferentes bens, sem que se possa separar a parcela referente a cada um, no momento de sua ocorrência. Ou, ainda, pode ser entendido como aquele custo que não pode ser atribuído (ou identificado) diretamente a um produto. Necessita de taxas/critérios de rateio ou parâmetros para atribuição de custo ao bem ou serviço.

2.1.3.4 MÃO DE OBRA INDIRETA

A mão de obra indireta é representada pelo trabalho nos departamentos auxiliares nas indústrias ou prestadores de serviços e que não são mensuráveis em nenhum produto ou serviço executado, como a mão de obra de supervisores, o controle de qualidade etc.

2.1.3.5 MATERIAIS INDIRETOS

Os materiais empregados nas atividades auxiliares de produção, ou cujo relacionamento direto com o produto pode ser irrelevante em termos de percepção, são considerados materiais indiretos. São eles: graxas e lubrificantes, lixas etc.

2.1.3.6 OUTROS CUSTOS INDIRETOS

São considerados os custos relativos à existência do setor fabril ou de prestação de serviços, por exemplo, depreciação, seguros, manutenção dos equipamentos etc.

2.1.3.7 CUSTOS CONTROLÁVEIS

São aqueles custos previstos, organizados e controlados diretamente em determinado nível de autoridade administrativa a curto ou longo prazo.

2.2 FASES DO CUSTO INDUSTRIAL

Para melhor compreensão observe que:

- Os materiais diretos consumidos somados à mão de obra direta e aos custos indiretos de fabricação formam os custos de produção no período (usualmente período mensal):

> **CPP = MAT + MOD + CIF**
> **CPP** = custos da produção no período
> **MAT** = materiais diretos utilizados na produção
> **MOD** = mão de obra direta
> **CIF** = custos indiretos de fabricação/produção

A Figura 2.3 apresenta as fases do custo industrial.

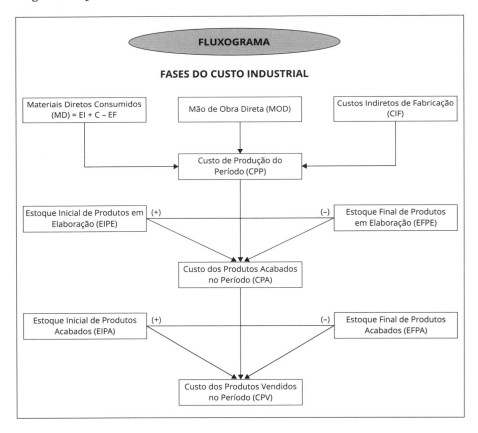

FIGURA 2.3 FASES DO CUSTO INDUSTRIAL

NOMENCLATURAS, CLASSIFICAÇÃO DOS CUSTOS E MÉTODOS DE CUSTEIO **29**

Para saber os custos da produção acabada é preciso saber qual o custo da produção no período.

❯ O custo da produção acabada consiste no estoque inicial de produtos em produção/elaboração, adicionado aos custos da produção no período e subtraídos os estoques finais dos produtos em elaboração.

> **CPA = EIPE + CPP – EFPE**
>
> **CPA** = custos dos produtos acabados
>
> **EIPE** = estoque inicial de produtos em elaboração
>
> **CPP** = custos dos produtos em produção
>
> **EFPE** = estoque final de produtos em elaboração

❯ A próxima etapa de produção consiste em vender o produto, portanto deve-se calcular o CPV (custo do produto vendido). Novamente, necessita-se fazer a apuração do estoque, pois o CPV consiste no estoque inicial de produtos acabados, adicionado aos custos dos produtos acabados e subtraídos os estoques finais de produtos acabados.

> **CPV = EIPAC + CPA – EFPAC**
>
> **CPV** = custos dos produtos vendidos
>
> **EIPAC** = estoques iniciais de produtos acabados
>
> **CPA** = custos dos produtos acabados
>
> **EFPAC** = estoque final de produtos acabados

> 1 – **Custo do produto no período** é a soma dos custos incorridos no período dentro da fábrica. **CPP = MAT + MOD + CIF.**
>
> 2 – **Custo da produção acabada** é a soma dos custos contidos na produção acabada no período. **CPA = EIPP + CPP – EFPP.**
>
> 3 – **Custo dos produtos vendidos** é a apropriação da soma dos custos incorridos na produção de bens e serviços, em virtude da realização das respectivas vendas. **CPV = EIPAC + CPA – EFPAC.**

2.3 CLASSIFICAÇÃO DOS MÉTODOS DE CUSTEIO

Há diversos critérios de contabilização dos custeios. Os métodos mais conhecidos são o custeio por absorção; custeio direto ou variável; custeio padrão; custeio ABC; custeio meta (*target costing*); e *RKW*. Existem também: método do varejo e método do custo específico.

30 CAPÍTULO 2

De acordo com Crepaldi (2014, p. ix-xii), as principais classificações (metodologias) podem conter, entre outros, os seguintes itens: sistema de custeio por absorção; sistema de custeio variável (direto); margem de contribuição; análise custo/volume/lucro; custo padrão (*standard*); custeio baseado em atividades – ABC (*activity based costing*); método de custeamento *RKW*. Podem incluir também o processo de *target costing* e o custeio *kaizen*.

O **custeio pleno** – *RKW* – utiliza o rateio de todos os custos e despesas aos produtos, por meio dos departamentos ou centros de custo (áreas de responsabilidade).

O **custeio meta** é o custo máximo admitido que a entidade pode considerar para a obtenção do lucro desejado, de acordo com o preço de venda disponibilizado pelo mercado.

Bruni e Famá (2012, p. 15) também abordam as classificações dos sistemas de custeio em: ordem específica; processo; por absorção; diretos; pós-calculados; pré-calculados e padrão.

Diante das alternativas de apuração de custos, surge a figura do custo da oportunidade, representando assim o gasto relacionado a uma alternativa, por exemplo, entre produzir e investir em algo que poderia trazer maior rentabilidade. Essa análise não é algo fácil de realizar.

Para fazer a gestão de custos é importante ter os conhecimentos mínimos sobre os usos da contabilidade de custos, que, na contabilidade financeira (fiscal), valoriza os estoques para que sejam demonstrados no balanço patrimonial e apuram-se os custos dos bens e serviços vendidos, para a apuração no lucro, que é retratado na DRE – demonstração do resultado do exercício.

Na contabilidade gerencial, as informações sobre os custos das atividades são muito importantes para o planejamento e o controle, bem como para a elaboração de orçamentos, servindo de suporte ao processo de tomada de decisão.

Antes de tomar a decisão de lançar um produto, estabelecer o seu preço, apurar detalhadamente os resultados e poder avaliar desempenhos, o gestor de custos deve analisar todo o processo.

Métodos de custeio: Padoveze (2006, p. 150-151) afirma que "[...] é o processo de identificar o custo unitário de um produto ou serviço ou de todos os produtos e serviços de uma empresa, partindo do total de custos diretos e indiretos", ou seja, "[...] que o método de custeio é um processo de distribuir gastos totais, considerando seus principais tipos, aos diversos produtos ou serviços da empresa".

Padoveze (2006, p. 150) menciona sobre as metodologias básicas do custeio por absorção e do custeio direto/variável. Menciona ainda sobre outras metodologias: *RKW*; custo integral; custeio ABC; e a teoria das restrições.

2.4 CICLOS ECONÔMICO, OPERACIONAL E FINANCEIRO

É interessante abordar os aspectos dos ciclos econômico, operacional e financeiro. Inclusive constou uma questão no Exame de Suficiência do CFC 2015.1, questão nº 24.

NOMENCLATURAS, CLASSIFICAÇÃO DOS CUSTOS E MÉTODOS DE CUSTEIO **31**

De acordo com Zanluca (2015):

> Utilizadas para mensurar o tempo em que as atividades da empresa são desenvolvidas. De fundamental importância no controle gerencial e gestão de negócios, refletem a cultura organizacional da empresa, dentro do seu ramo de negócios. Seus valores dependem dos processos de produção, capacidade de vendas [...]
>
> Considere uma empresa onde as mercadorias permaneçam 42 dias em estoque, com uma média de recebimento de clientes igual a 60 dias sendo o pagamento a fornecedores em 30 dias. Teremos os seguintes valores para o cálculo dos ciclos como exemplo:
> Prazo Médio de Estocagem (PME) = 42 dias
> Prazo Médio de Contas a Receber (PMCR) = 60 dias
> Prazo Médio de Pagamento a Fornecedores (PMPF) = 30 dias

Ainda segundo Zanluca (2015), temos os seguintes ciclos:

Ciclo Econômico

O ciclo econômico é o tempo em que a mercadoria permanece em estoque. Vai desde a aquisição dos produtos ou mercadorias até o ato da venda, não levando em consideração o recebimento das mesmas (encaixe).

Fórmula:

Ciclo Econômico = Prazo Médio de Estocagem (PME)

Exemplo:

Ciclo Econômico = 42 dias

Ciclo Operacional

Compreende o período entre a data da compra e o recebimento pelo cliente. Caso a empresa trabalhe somente com vendas à vista, o ciclo operacional tem o mesmo valor do ciclo econômico.

Fórmula:

Ciclo Operacional = Ciclo Econômico + Prazo Médio de Contas a Receber (PMCR)

Exemplo:

Ciclo Operacional = 42 dias + 60 dias
Ciclo Operacional = 102 dias

Ciclo Financeiro

Também conhecido como ciclo de caixa, é o tempo entre o pagamento a fornecedores e o recebimento das vendas. Quanto maior o poder de negociação da empresa com fornecedores, menor o ciclo financeiro.

Fórmula:
Ciclo Financeiro = Ciclo Operacional − Prazo Médio de Pagamento a Fornecedores (PMPF)

Exemplo:
Ciclo Financeiro = 102 dias − 30 dias
Ciclo Financeiro = 72 dias

Análise

É importante para a empresa, sempre, buscar alternativas que resultem em ciclos financeiros reduzidos, observando sempre as limitações do mercado e o setor econômico inserido.

Com ciclos menores temos o aumento do giro de negócios, proporcionando maiores retornos sobre os investimentos. No exemplo acima temos um ciclo financeiro de 72 dias, isso significa dizer que durante 1 ano (360 dias) a empresa gira 5 vezes. Observe que após o pagamento a fornecedores, a empresa começa a financiar suas atividades com seu próprio capital de giro. Abaixo temos a diminuição do ciclo financeiro estendendo o pagamento a fornecedores de x' para x". Outras medidas seriam a antecipação de vendas e de seus respectivos recebimentos.

Na Figura 2.4 apresenta-se exemplo de uma empresa comercial que compra as suas mercadorias e paga em média de 30 dias, vende em 75 dias após a compra e recebe após 20 dias. Observe que totalizam 95 dias o seu Ciclo Operacional, 65 dias o Ciclo Financeiro e 75 dias o Ciclo Econômico.

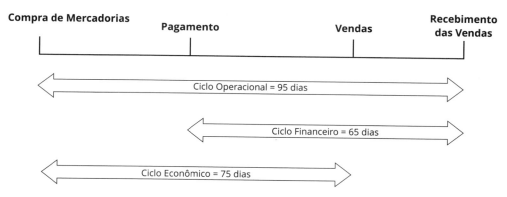

Fonte: Elaborada pelos autores.

FIGURA 2.4 CICLOS: OPERACIONAL, FINANCEIRO E ECONÔMICO

NOMENCLATURAS, CLASSIFICAÇÃO DOS CUSTOS E MÉTODOS DE CUSTEIO

2.5 CONSIDERAÇÕES SOBRE O CAPÍTULO

Como abordado, custo e despesa não são sinônimos e têm sentido próprio. A apuração dos custos representa os sacrifícios monetários com os quais uma entidade teve que arcar, para atingir seus objetivos.

No caso da atividade produtiva, os gastos relacionados compõem o custo dos estoques de produtos em elaboração e dos produtos acabados, aumentando o saldo da conta estoques no ativo, e na maior parte dos casos classificados em ativo circulante, enquanto não forem vendidos. Os estoques normalmente representam um percentual elevado das aplicações das entidades, principalmente as fabris, e sua administração se constitui, em muitos casos, em fatores de sucesso ou insucesso.

As metodologias de custeio visam possibilitar aos administradores e gestores o melhor encaminhamento para a apuração do custo de elaboração de produtos, de comercialização ou de prestação de serviços.

A contabilidade de custos pode contribuir eficazmente nas diretrizes organizacionais, fornecendo informações (curva ABC) sobre o giro dos estoques, dos itens com maior consumo e vendas e dos produtos que contribuem com maior rentabilidade. Em muitas situações, existem produtos, mercadorias e serviços prestados que possuem margens menores, porém contribuem para a absorção dos custos fixos. Esse contexto ressalta a importância da análise do giro, da margem e da estrutura de custos fixos.

2.6 ESTUDO DE CASO

> **A Cia. Gilda,** especialista em conserto de aquecedores a gás, ao receber um telefonema para se deslocar até uma residência ou empresa, independentemente da distância de até 50 km, cobra pela visita R$ 100,00, independentemente de o serviço ser prestado ou não.

Com essas informações, pergunta-se:

1. Você considera correto esse procedimento?
2. Quais custos estão envolvidos no atendimento de um chamado?
3. Que outras atividades você poderia elencar nesse padrão de cobrança?

2.7 ATIVIDADES

1. Imagine que um empresário resolveu montar um restaurante para servir exclusivamente feijoada, de segunda a sábado, no almoço e no jantar.
   Você foi contatado e contratado para ajudá-lo a compor o custo desse único produto, e elencar os principais custos e despesas, para que ele possa ter uma ideia da provável rentabilidade do negócio. Faça uma lista dos principais itens, e, depois, inclua os demais itens.

34 CAPÍTULO 2

2. Inúmeras atividades empresariais começam a perceber a importância da apuração de custos, utilizando metodologias específicas sobre o custo do material empregado, bem como da mão de obra utilizada. Relacione pelo menos dez atividades as quais você acredita que podem se beneficiar das metodologias de custos.

3. Relacione pelo menos dez tipos de despesas com tarifas bancárias ou despesas financeiras.

4. Relacione, em seu entendimento, os itens que compreendem o custo de aquisição dos estoques.

2.8 EXERCÍCIOS

1. Assinale verdadeiro (V) ou falso (F):

   a. ( ) Um dos principais objetivos de um sistema de contabilidade de custos é acumular todos os custos relacionados aos produtos, às mercadorias ou aos serviços prestados.

   b. ( ) As entidades devem se limitar a ter um sistema de informação apenas para atender a aspectos legais.

   c. ( ) As metodologias de custeio visam possibilitar aos administradores e gestores o melhor encaminhamento para a apuração do custo de elaboração, de comercialização ou de prestação de serviços.

2. A **Cia. Julieta** iniciou suas atividades este mês, elaborando um único produto. Consumiu de matéria-prima R$ 10.000,00; mão de obra R$ 5.000,00; e energia elétrica R$ 2.000,00. Produziu 16 unidades e vendeu 14 unidades por R$ 1.400,00 cada. Qual o lucro bruto?

3. A **Cia. Julieta** percebeu que houve um equívoco, ao se esquecer de considerar o aluguel da parte fabril do mês em R$ 3.000,00. Com essa nova informação, qual o lucro bruto?

4. A **Cia. Kerly** teve os seguintes gastos: aquisição de matéria-prima R$ 200.000,00; mão de obra direta R$ 150.000,00; e custos indiretos de produção de R$ 80.000,00. O estoque inicial de matéria-prima era de R$ 40.000,00 e o estoque inicial de produtos em elaboração era de R$ 50.000,00. O estoque final de produtos acabados resultou em R$ 60.000,00. Não existem outros saldos de estoques. Calcule o CPP, o CPA e o CPV.

5. Questão 24 do Exame de Suficiência CFC 2015.1: (**Observação dos autores**: a mencionada questão considera **ciclo operacional total**, a bibliografia consultada cita apenas **ciclo operacional**.)

   24. Uma indústria compra matéria-prima a prazo. Após o recebimento da matéria-prima, a indústria a armazena, em média, por 7 (sete) dias, antes de encaminhá-la para a área de produção, onde ficará 4 (quatro) dias em processo.

NOMENCLATURAS, CLASSIFICAÇÃO DOS CUSTOS E MÉTODOS DE CUSTEIO **35**

Após a conclusão da manufatura, a indústria mantém o produto acabado em estoque por um tempo médio de 21 dias, antes de vendê-lo.

As vendas são efetuadas com prazo médio de recebimento de 35 dias.

O pagamento ao fornecedor se dá em 17 dias após a compra da matéria-prima.

Acerca da situação acima, o Ciclo Operacional Total é de:

a. 39 dias.
b. 46 dias.
c. 60 dias.
d. 67 dias.

6. Utilizando essa mesma questão 24 do Exame de Suficiência do CFC 2015.1 (constante também na questão 25 do Exame de Suficiência do CFC 2015.1), pode-se dizer que:
   a. Ciclo econômico = 32 dias   ( ) F   ( ) V
   b. Ciclo operacional = 67 dias   ( ) F   ( ) V
   c. Ciclo financeiro = 50 dias   ( ) F   ( ) V

7. Questão 21 do Exame de Suficiência CFC 2012.1:

   21. Relacione o tipo de custo descrito na primeira coluna com os conceitos na segunda coluna e, em seguida, assinale a opção **CORRETA**.

   (1) Custo Fixo   ( ) É custo de natureza mais genérica, não sendo possível identificar imediatamente como parte do custo de determinado produto.

   (2) Custo Variável   ( ) Um custo que pode ser diretamente controlado em determinado nível de autoridade administrativa, seja em curto, seja em longo prazo.

   (3) Custo Direto   ( ) Um custo que, em determinado período e volume de produção, não se altera em seu valor total, mas vai ficando cada vez menor em termos unitários com o aumento do volume de produção.

   (4) Custo Indireto   ( ) É custo incorrido em determinado produto, identificando-se como parte do respectivo custo.

   (5) Custo Controlável ( ) Um custo uniforme por unidade, mas que varia no total na proporção direta das variações da atividade total ou do volume de produção relacionado.

   A sequência **CORRETA** é:
   a. 4, 5, 1, 3, 2.
   b. 1, 5, 4, 3, 2.
   c. 1, 3, 4, 5, 2.
   d. 4, 3, 1, 5, 2.

36 CAPÍTULO 2

8. Conforme o fluxograma apresentado na Figura 2.3, Fases do custo industrial, você terá condições de responder à questão 14 do Exame de Suficiência CFC 2011.1:

14. No mês de setembro de 2010, foi iniciada a produção de 1.500 unidades de um determinado produto. Ao final do mês, 1.200 unidades estavam totalmente concluídas e restaram 300 unidades em processo. O percentual de conclusão das unidades em processo é de 65%. O custo total de produção do período foi de R$ 558.000,00. O Custo de Produção dos Produtos Acabados e o Custo de Produção dos Produtos em Processo são, respectivamente:

a. R$ 446.400,00 e R$ 111.600,00.

b. R$ 480.000,00 e R$ 78.000,00.

c. R$ 558.000,00 e R$ 0,00.

d. R$ 558.000,00 e R$ 64.194,00.

9. Questão 24 do Exame de Suficiência CFC 2013.1 (Técnico):

24. Relacione as nomenclaturas apresentadas na primeira coluna com a situação descrita na segunda coluna e, em seguida, assinale a opção **CORRETA**.

(1) Custos Variáveis   ( ) Depreciação do prédio onde funciona a área de produção da fábrica.

(2) Custos Fixos   ( ) Comissões dos vendedores.

(3) Despesas Variáveis   ( ) Matéria-prima utilizada na produção.

A sequência **CORRETA** é:

a. 3, 2, 1.

b. 2, 3, 1.

c. 2, 1, 3.

d. 1, 2, 3.

3

CUSTEIO POR ABSORÇÃO

> É o processo que tem por objetivo ratear todos os seus elementos, fixos ou variáveis, em cada fase da produção até a conclusão do produto final. Todos os custos de produção são absorvidos pelas unidades produzidas.
>
> Os custos diretos são considerados de forma objetiva e os custos indiretos são apropriados por meio de taxas de rateio (proporcionalidade subjetiva). Esse custo integra os estoques e somente será considerado CPV – custo do produto vendido quando a produção for vendida.

Neste capítulo é apresentado o custeio por absorção, um método para apropriação de custos aceito pela legislação tributária, pelos princípios de contabilidade e pelos procedimentos de auditoria. O Regulamento do Imposto de Renda – RIR/99, Decreto nº 3.000,[1] em seus arts. 289 a 298, contempla a questão do custo de aquisição e do custo dos bens e/ou serviços.

Competências adquiridas com a leitura do capítulo:

- ❯ Conhecer as premissas para elaboração do custeio por absorção.
- ❯ Saber implantar e calcular o custeio por absorção.

O custeio por absorção é relevante por ser autorizado pela legislação tributária, porém tem subjetividade nos rateios e pode ser considerado por alguns limitado para análise gerencial. Essa forma de custeio absorve todos os custos para os produtos, sejam fixos ou variáveis. Essa forma de apropriação impacta no custo dos produtos produzidos em períodos anteriores e ainda não vendidos até o momento. Contém em seus valores custos indiretos, como aluguel, gastos com supervisão da fábrica e outros que irão compor o custo dos estoques em processo/elaboração e estoques de produtos acabados.

---

[1] Disponível em: <http://www.planalto.gov.br/ccivil_03/decreto/d3000.htm>. Acesso em: 8 set. 2015.

3.1 CUSTEIO POR ABSORÇÃO

De acordo com Martins (2010, p. 37):

> Custeio por absorção é o método derivado da aplicação dos princípios de contabilidade geralmente aceitos. Consiste na apropriação de todos os custos de produção aos bens elaborados, e só de produção; todos os gastos relativos ao esforço de produção são distribuídos para todos os produtos ou serviços feitos [...].

Os custos diretos são considerados de forma objetiva e os custos indiretos são considerados por meio de rateios (as taxas de apropriação devem ser dentro de critérios adequados).

Martins (2010, p. 38) menciona também que o custeio por absorção, apesar de não ser totalmente lógico e de muitas vezes falhar como instrumento gerencial, é obrigatório para fins de avaliação de estoques e, no Brasil, o imposto sobre a renda o utiliza. Destaca ainda que, nesse método, a depreciação dos equipamentos e outros imobilizados amortizáveis utilizáveis na produção deve ser distribuída aos produtos elaborados, portanto, é direcionada para o ativo na forma de produtos, e só se transforma em despesa quando da venda dos bens.

Resumindo, os custos fixos e os custos variáveis utilizados na produção compõem o valor dos estoques e somente se tornam **CPV** – custo dos produtos vendidos – quando a produção é vendida.

Fonte: Martins (2010, p. 37-38).

FIGURA 3.1 CUSTEIO POR ABSORÇÃO

CUSTEIO POR ABSORÇÃO **39**

No sistema de custeio por absorção, o fluxo de recursos pode ser entendido como: mão de obra direta + materiais diretos + gastos gerais de fabricação, que decorrem no custo do processo produtivo, adicionando os custos fixos e os custos variáveis, resultando nos estoques de produtos. Esses estoques, quando vendidos, têm reconhecida sua receita e seu respectivo **CPV** – custo do produto vendido.

3.2 CIF – CUSTOS INDIRETOS DE FABRICAÇÃO/PRODUÇÃO

3.2.1 RATEIOS

> Constitui-se no critério de alocação/apropriação dos **CIF** – custos indiretos de fabricação – para a produção de mais de um produto ou serviço. O adequado método de apropriação do rateio desses **CIF** poderá direcionar uma adequada apropriação dos custos de produtos e/ou serviços.

A apropriação de rateios depende da adequação e principalmente de conhecimento dos envolvidos com os processos da entidade.

O IPTU (Imposto Predial Territorial Urbano) da **Bia Industrial** no ano de 2X16 totalizou R\$ 90.000,00. A área da empresa é composta pela administração, com 1.000 m²; área comercial, com 1.200 m²; e área fabril, com o restante. A empresa possui 15 empregados na administração, 28 em vendas e 327 na fábrica. Analisando o IPTU, a área total considerada é de 9.000 m². Qual o custo a ser apropriado, dentro do critério que você considera mais adequado? Número de empregados ou de área (m²)?

<u>**Solução proposta com base em m²:**</u>

Bia Industrial

CRITÉRIOS DE RATEIO		Valor
IPTU	**m²**	**90.000,00**
ÁREA ADMINISTRATIVA	1.000	10.000,00
COMERCIAL	1.200	12.000,00
Custo da Área FABRIL	**6.800**	**68.000,00**
TOTAL	9.000	90.000,00

Para a apuração dos custos, as organizações utilizam vários métodos de custeio. No custeio por absorção, uma dificuldade em termos de precisão é a questão de rateios, em virtude da subjetividade dos profissionais envolvidos. Existem inúmeros procedimentos para

40 CAPÍTULO 3

rateio, e, no exercício a seguir, o rateio do **CIF/CIP** será em função do rateio do custo total com a **MOD** – mão de obra direta.

A **empresa Industrial Almir** produz dois produtos: bonecas Danny e Carol. O volume de produção do mês de agosto de 2X16 foi de 22.000 bonecas Danny e 26.000 bonecas Carol. Os custos Diretos por unidade estão a seguir, representados em R$:

	Danny	Carol
Matéria-prima/u.	R$ 18,00	R$ 22,00
MOD/u.	R$ 13,00	R$ 11,00

Os CIF/CIP – custos indiretos de fabricação/produção – totalizaram R$ 900.000,00. A tabela a seguir utiliza o **custo da MOD** (mão de obra direta) como base de rateio dos CIF/CIP.

	Danny	Carol	
Matéria-prima	R$ 18,00	R$ 22,00	
MOD	R$ 13,00	R$ 11,00	
Volume de Produção u.	22.000	26.000	
Custo da MP	396.000,00	572.000,00	968.000,00
Custo da MOD	286.000,00	286.000,00	572.000,00
Total da MP + MOD	682.000,00	858.000,00	1.540.000,00
Rateio CIF p/ MOD	**450.000,00**	**450.000,00**	**900.000,00**
Total do Custo	1.132.000,00	1.308.000,00	2.440.000,00
Custo Unitário	**51,4545**	**50,3077**	

Os CIF/CIP – custos indiretos de fabricação/produção totalizaram R$ 900.000,00. A tabela a seguir utiliza o **custo da MP** (matéria-prima) como base de rateio dos CIF/CIP.

	Danny	Carol	
Matéria-prima	R$ 18,00	R$ 22,00	
MOD	R$ 13,00	R$ 11,00	
Volume de Produção u.	22.000	26.000	
Custo da MP	396.000,00	572.000,00	968.000,00
Custo da MOD	286.000,00	286.000,00	572.000,00
Total da MP + MOD	682.000,00	858.000,00	1.540.000,00
Rateio CIF pela MP	**368.181,82**	**531.818,18**	**900.000,00**
Total do Custo	1.050.181,82	1.389.818,18	2.440.000,00
Custo Unitário	**47,7355**	**53,4545**	

O cálculo pode ser por meio da regra de três (proporcionalidade) ou achar, nesse caso, o percentual que representa a MP, 40,909091% para Danny e 59,090909 para Carol.

Se o critério de rateio do CIF de R$ 900.00,00 fosse o **total de MP + MO**, a figura a seguir demonstra os cálculos:

	Danny	Carol	
Matéria-prima	R$ 18,00	R$ 22,00	
MOD	R$ 13,00	R$ 11,00	
Volume de Produção u.	22.000	26.000	900.000,00
Custo da MP	396.000,00	572.000,00	968.000,00
Custo da MOD	286.000,00	286.000,00	572.000,00
Total da MP + MOD	682.000,00	858.000,00	1.540.000,00
Rateio CIF = total MP + MOD	**398.571,43**	**501.428,57**	**900.000,00**
Total do Custo	1.080.571,43	1.359.428,57	2.440.000,00
Custo Unitário	**49,1169**	**52,2857**	

A empresa **Comercial Márcia** teve as seguintes operações no mês de junho de 2X16: vendas R$ 33.000,00; frete sobre as vendas R$ 500,00; estoque inicial R$ 2.000,00; Imposto de Importação sobre as compras R$ 800,00; compras R$ 20.000,00; estoque final R$ 2.200,00; devolução de vendas R$ 3.000,00; tributos sobre as vendas líquidas 27%; devolução de compras R$ 600,00; frete sobre as compras R$ 400,00. O Imposto de Importação e o frete sobre as compras incorporam o custo de aquisição. O frete sobre as vendas é considerado despesa operacional comercial (vendas). A seguir, a DRE preenchida:

DRE Comercial Márcia

Vendas Líquidas	30.000,00
(–) Tributos sobre Vendas	(8.100,00)
Rec. Líq. Vendas	21.900,00
CMV	(20.400,00)
Lucro Bruto	1.500,00
(–) Despesa com Vendas	(500,00)
Lucro Operacional	1.000,00

Obs.: **CMV** = 2.000 + 800 + 20.000 – 2.200 – 600 + 400 = 20.400.

A **Empresa SR JUNIOR** produz dois produtos, **G** e **W**, cujo volume mensal de produção e vendas é de 15.000 unidades do produto **G** e 5.000 unidades do produto **W**. Os CIP/CIF do período totalizaram R$ 400.000,00.

42 CAPÍTULO 3

A seguir, custos diretos por unidade:

	G	W
Material direto	R$ 25,00	R$ 30,00
Mão de obra direta	R$ 9,00	R$ 5,00
Total MD + MOD	**R$ 34,00**	**R$ 35,00**
unidades =	15.000	5.000

	G	W	Total
MD	R$ 375.000,00	150.000,00	525.000,00
MOD	R$ 135.000,00	25.000,00	160.000,00
	R$ 510.000,00	**175.000,00**	**685.000,00**

Pede-se para calcular os custos unitários de **G** e **W**, utilizando o <u>custo da mão de obra direta como base de rateio para o CIF</u>. O rateio do CIF obedece à proporcionalidade em função de qual critério se pretende adotar. Por exemplo: o valor total do CIF de R$ 400.000,00, dividido pelo total da mão de obra direta de R$ 160.000,00 e multiplicado pelo valor da mão de obra direta de **G** de R$ 135.000,00, resulta em R$ 337.500,00. Idem para o produto **W**: R$ 400.000,00/R$ 160.000,00 × R$ 25.000,00 = R$ 62.500,00.

	G	W	
	<u>15.000</u>	<u>5.000</u>	
MD	R$ 375.000,00	R$ 150.000,00	**R$ 525.000,00**
MOD	R$ 135.000,00	R$ 25.000,00	**R$ 160.000,00**
CIP	R$ 337.500,00	R$ 62.500,00	**R$ 400.000,00**
Custo Total	**R$ 847.500,00**	**R$ 237.500,00**	**R$ 1.085.000,00**
Custo Unitário	56,5000000	47,5000000	

Se fosse adotado o critério de rateio do CIP pelo <u>consumo de material direto (MP)</u>, o resultado seria:

	G	W	
	<u>15.000</u>	<u>5.000</u>	
MD	R$ 375.000,00	R$ 150.000,00	**R$ 525.000,00**
MOD	R$ 135.000,00	R$ 25.000,00	**R$ 160.000,00**
CIP	R$ 285.714,29	R$ 114.285,71	**R$ 400.000,00**
Custo Total	**R$ 795.714,29**	**R$ 289.285,71**	**R$ 1.085.000,00**
Custo Unitário	53,0476193	57,8571420	

CUSTEIO POR ABSORÇÃO **43**

Percebe-se claramente que, se o critério de rateio não for adequado e o mais próximo da realidade e com adequado entendimento do processo produtivo, os custos unitários terão discrepâncias significativas, podendo até inviabilizar um determinado produto. Daí a importância da contabilidade de custos e dos profissionais de contabilidade plenamente familiarizados com o processo fabril.

Exercício sobre rateio CIP – a **Industrial Rô e Beto** produz dois produtos, Yann e Luam, cujo volume mensal de produção e vendas é de 20.000 unidades do produto Yann e 30.000 unidades do produto Luam. Os CIP/CIF do período totalizaram R$ 100.000,00.

Pede-se para calcular o valor dos custos indiretos de produção de cada produto, utilizando o custo de mão de obra direta como base de rateio. Após, calcular o custo unitário com base no consumo do material direto – matéria-prima. A seguir, os custos diretos por unidade:

	Yann	**Luam**
Material direto	R$ 5,00	R$ 9,00
Mão de obra	R$ 9,00	R$ 8,00
	R$ 14,00	R$ 17,00

Indl. Rô e Beto	**(Rateio do CIF pela MOD)**		
	Yann	Luam	
Matéria-prima	R$ 5,00	R$ 9,00	
MOD	R$ 9,00	R$ 8,00	
Volume de Produção u.	**20.000**	**30.000**	
Custo da MP	100.000,00	270.000,00	370.000,00
Custo da MOD	180.000,00	240.000,00	420.000,00
Total da MP + MOD	280.000,00	510.000,00	790.000,00
Rateio CIF p/ MOD	**42.857,14**	**57.142,86**	**100.000,00**
Total do Custo	322.857,14	567.142,86	890.000,00
Custo Unitário	**16,142857**	**18,904762**	

44 CAPÍTULO 3

Indl. Rô e Beto	(Rateio do CIF pela MP)		
	Yann	Luam	
Matéria-prima	5,00	9,00	
MOD	9,00	8,00	
Volume de Produção u.	**20.000**	**30.000**	
Custo da MP	100.000,00	270.000,00	370.000,00
Custo da MOD	180.000,00	240.000,00	420.000,00
Total da MP + MOD	280.000,00	510.000,00	790.000,00
Rateio CIF p/ MP	**27.027,03**	**72.972,97**	**100.000,00**
Total do Custo	307.027,03	582.972,97	890.000,00
Custo Unitário	**15,351351**	**19.432432**	

Observações: 1) Os números consideram "n" casas após a vírgula, o que pode direcionar um resultado com pequena diferença nas últimas casas do custo unitário. 2) Existe ainda a possibilidade de mais dois critérios de rateio: i) rateio do CIF pelo total da MP + MO; e ii) proporcionalidade em relação ao volume (quantidade) de produção, sendo, nesse caso, 40% para Yann e 60% para Luam.

3.3 CONSIDERAÇÕES SOBRE O CAPÍTULO

Há critérios e formas de contabilização dos custos, e os métodos mais conhecidos são: custeio por absorção; custeio direto ou variável; custeio ABC; custeio meta (*target costing*) e RKW.

Neste capítulo foi visto o **custeio por absorção**, que, apesar de não ser recomendado por alguns para fins gerenciais, é obrigatório para fins tributários; logo, é elaborado por todas as empresas. O fato de esse método absorver todos os custos nos estoques, sejam fixos ou variáveis, faz com que resulte em inclusão de todos os custos relacionados ao processo fabril no ativo.

Por exemplo, um produto que está contabilizado por determinado valor unitário. Parte desse valor contém custos fixos, como aluguel ou energia elétrica da fábrica. O fato de esse produto não ser vendido no mês em que foi produzido fará com que essa parte relativa ao aluguel, à energia elétrica e a outros custos fixos fique alocada no estoque até a venda.

No caso de a empresa estar enquadrada no lucro real, esse fato impacta no Imposto sobre a Renda (**IR**) e na **CSLL** (Contribuição Social sobre o Lucro Líquido), pois os custos fixos dos meses anteriores serão atribuídos ao resultado apenas quando os produtos e as mercadorias forem vendidos (princípio da realização da receita).

CUSTEIO POR ABSORÇÃO **45**

3.4 EXERCÍCIOS

1. Em relação aos métodos de custeio, todas as afirmações são verdadeiras, <u>exceto</u>:
   a. ( ) Consistem em métodos que possuem diferentes critérios para alocar custos e impactam diretamente nos estoques.
   b. ( ) Podem ser elaborados de formas diferentes pelas empresas.
   c. ( ) Podem ser utilizados para tomada de decisão.
   d. ( ) Podem ser desenvolvidos para empresas de prestação de serviços.
   e. ( ) Todos podem ser utilizados para atender à legislação tributária.

2. São métodos conhecidos de custeio, <u>exceto</u>:
   a. ( ) Custeio por absorção.
   b. ( ) Fixo.
   c. ( ) Direto ou variável.
   d. ( ) ABC.
   e. ( ) Meta (*target costing*).

3. Leia as afirmações a seguir:

   I – O custeio por absorção não é autorizado para fins tributários.

   II – O custeio por absorção apropria aos produtos os custos fixos e variáveis.

   III – O custeio por absorção é recomendado apenas para tomada de decisões.

   É possível afirmar que:

   a. ( ) Apenas a afirmação I é verdadeira.
   b. ( ) Apenas a afirmação II é verdadeira.
   c. ( ) Apenas a afirmação III é verdadeira.
   d. ( ) Apenas as afirmações I e II são verdadeiras.
   e. ( ) Todas as afirmativas são verdadeiras.

4. Com os dados a seguir, de determinada empresa denominada **Maria Maria**, preencha, calcule o lucro e o estoque final pelo método de custeio por absorção:

Período	Produção/Unidades	Vendas/Unidades
Ano 1	100.000	40.000
Ano 2	40.000	70.000
Ano 3	70.000	70.000
Ano 4	60.000	70.000

46 CAPÍTULO 3

> Preço de venda = R$ 120,00/un.
> Matéria-prima = R$ 51,00/un.
> Componentes= R$ 0,80/un.
> Custos fixos = R$ 200.000,00/ano.
> Estoque inicial = zero.

R$ 1,00	Ano 1	Ano 2	Ano 3	Ano 4	Total
Vendas					
(–) CPV					
Lucro					
Estoque final					

5. O custeio por absorção é ideal para fins gerenciais? Explique.

_____

_____

_____

_____

_____

> Conforme os dados a seguir, responda os exercícios 6 a 11:
>
> Observação: os exercícios devem ser feitos pelo método do **custeio por absorção**.
>
> Uma empresa denominada **Novos Tempos Ltda.** possuía os seguintes dados, relativos aos anos 20X1 a 20X3, em seus controles:
>
> Preço de venda = R$ 42,00/un.
>
> Matéria-prima = R$ 22,00/un.
>
> Custos fixos = R$ 280.000,00/ano.
>
> Estoque inicial = zero.

Produção Anual em Unidades		
Ano	Produção	Vendas
20X1	30.000	29.000
20X2	40.000	38.500
20X3	52.000	54.300

CUSTEIO POR ABSORÇÃO 47

6. Qual o estoque final do período em unidades?
   a. ( )   1.000
   b. ( )   – 2.300
   c. ( )   200
   d. ( )   2.300
   e. ( )   122.000

7. Qual o estoque final em reais?
   a. ( ) R$ 5.492,27
   b. ( ) R$ 109.310,26
   c. ( ) R$ 1.424.000,00
   d. ( ) R$ 200,00
   e. ( ) R$ 4.213,63

8. Qual o faturamento dos 3 anos?
   a. ( ) R$ 1.019.200,00
   b. ( ) R$ 1.218.000,00
   c. ( ) R$ 1.597.076,92
   d. ( ) R$ 1.617.000,00
   e. ( ) R$ 5.115.600,00

9. Qual o CPV (custo do produto vendido) dos 3 anos?
   a. ( ) R$ 3.518.507,73
   b. ( ) R$ 1.597.092,27
   c. ( ) R$ 5.115.600,00
   d. ( ) R$ 3.524.000,33
   e. ( ) R$ 1.491.023,08

10. Qual o lucro dos 3 anos?
    a. ( ) R$ 5.115.600,00
    b. ( ) R$ 1.597.092,27
    c. ( ) R$ 3.518.523,08
    d. ( ) R$ 789.576,92
    e. ( ) R$ 3.524.000,33

11. Leia as seguintes afirmações em relação à empresa Novos Tempos e assinale a alternativa verdadeira:
    I –   A empresa Novos Tempos deve produzir em maior quantidade, pois hoje as empresas buscam grandes estoques.
    II – Se a empresa não está perdendo vendas por falta de estoque, ela deve manter a política, pois menos estoques é um fator de redução de custos e despesas.

III – Os dados do ano 20X3 estão errados, pois uma empresa não pode vender mais do que produz.

a. ( ) Apenas a afirmação I está correta.
b. ( ) Apenas a afirmação II está correta.
c. ( ) Apenas a afirmação III está correta.
d. ( ) As afirmações I e II estão corretas.
e. ( ) Todas as afirmações estão corretas.

12. Questão 16 do Exame de Suficiência CFC 2015.1:

16. Uma determinada indústria iniciou suas atividades em fevereiro de 2015 e apresentou os seguintes dados, em 28.2.2015.

❯ Depreciação do Equipamento de Produção	R$	700,00
❯ Mão de Obra Indireta	R$	9.400,00
❯ Custos Indiretos Consumidos na Fábrica	R$	12.530,00
❯ Estoque Final de Matérias-Primas	R$	15.600,00
❯ Mão de Obra Direta	R$	18.800,00
❯ Estoque Final de Produtos Acabados	R$	25.300,00
❯ Matérias-primas Compradas	R$	37.600,00

Considerando o Custeio de Absorção e que não havia outros saldos, o valor da matéria-prima consumida no período é de:

a. R$ 15.600,00.
b. R$ 22.000,00.
c. R$ 37.600,00.
d. R$ 63.430,00.

13. Questão 17 do Exame de Suficiência CFC 2015.1:

17. Uma determinada indústria fabrica dois produtos: A e B.

No mês de fevereiro de 2015, a indústria incorreu em Custos Indiretos de Fabricação no total de R$ 15.000,00.

Nesse mesmo mês, foram produzidas 2.000 unidades de cada produto.

Para produzir o produto A, foram consumidas 3.000 horas/máquina e, para produzir o produto B, foram consumidas 7.000 horas/máquina.

Os Custos Indiretos de Fabricação são apropriados aos produtos, com base nas horas/máquina consumidas.

Os custos variáveis de cada um dos produtos são de R$ 5,00 por unidade.

CUSTEIO POR ABSORÇÃO **49**

Considerando os dados mencionados, o custo unitário total do produto A, calculado pelo Custeio por Absorção, no mês de fevereiro, é de:

a. R$ 7,25.

b. R$ 7,50.

c. R$ 8,75.

d. R$ 10,25.

14. Questão 19 do Exame de Suficiência CFC 2015.1:

19. Uma determinada indústria iniciou suas atividades em fevereiro de 2015 e apresentou os seguintes dados, em 28.2.2015:

❯ Comissão dos vendedores	R$ 846,00
❯ Custos indiretos consumidos na fábrica	R$ 18.800,00
❯ Depreciação do equipamento de produção	R$ 1.034,00
❯ Despesas administrativas	R$ 8.460,00
❯ Estoque final de matérias-primas	R$ 23.500,00
❯ Estoque final de produtos acabados	R$ 37.976,00
❯ Mão de obra direta	R$ 28.200,00
❯ Mão de obra indireta	R$ 14.100,00
❯ Matérias-primas compradas	R$ 56.400,00
❯ Receita Bruta de Vendas	R$ 72.850,00

Considerando o Método de Custeio por Absorção e que não havia outros saldos, o Custo dos Produtos Vendidos será de:

a. R$ 15.792,00.

b. R$ 32.900,00.

c. R$ 57.058,00.

d. R$ 95.034,00.

15. Questão 23 do Exame de Suficiência CFC 2014.2 (Técnico):

23. Uma Sociedade Empresária tem custos fixos totais de R$ 190.000,00 por mês, custos variáveis de R$ 12,00 por unidade produzida e despesas variáveis com vendas de R$ 2,00 por unidade vendida.

No mês de junho de 2014, o volume produzido foi de 10.000 unidades, e todas as unidades produzidas no mês foram vendidas ao preço de R$ 60,00 por unidade, líquido de impostos.

Não havia estoques iniciais.

50 CAPÍTULO 3

Utilizando-se o Custeio por Absorção, é CORRETO afirmar que o Lucro Bruto, em junho de 2014, foi de:

a. R$ 270.000,00.
b. R$ 290.000,00.
c. R$ 410.000,00.
d. R$ 460.000,00.

16. Questão 16 do Exame de Suficiência CFC 2012.2:

16. Uma sociedade empresária apresentou os seguintes gastos efetuados no mês de agosto de 2012.

› Aquisição de matéria-prima para industrialização sem incidência de tributos	R$	15.000,00
› Fretes para transporte da matéria-prima adquirida	R$	400,00
› Gastos com pessoal para transformação da matéria-prima em produto acabado	R$	1.800,00
› Gastos com depreciação das máquinas da fábrica	R$	230,00
› Gastos com pessoal da área administrativo-financeira e jurídico	R$	1.200,00
› Gasto com frete da venda dos produtos acabados	R$	300,00
› Gasto com comissão de vendedores	R$	900,00
› Depreciação do veículo utilizado na entrega de produtos vendidos	R$	320,00

Considerando que 50% da matéria-prima adquirida foi consumida na produção, e que a empresa apresentava no início do mês de agosto e no fim do mês de agosto estoque de produtos em elaboração zero e, ainda, que vendeu 60% da sua produção, o Custo dos Produtos Vendidos apurados pelo custeio por absorção é de:

a. R$ 5.718,00.
b. R$ 5.838,00.
c. R$ 6.090,00.
d. R$ 6.210,00.

17. Questão 25 do Exame de Suficiência CFC 2014.2 (Técnico):

25. Uma indústria produz um determinado produto e apresentou as seguintes movimentações em determinado período.

› Estoque inicial de produtos acabados	zero unidade
› Quantidade produzida no período	200 unidades
› Quantidade vendida no período	150 unidades
› Preço de venda unitário	R$ 50,00
› Custo fixo total	R$ 5.000,00
› Custo variável por unidade	R$ 15,00

CUSTEIO POR ABSORÇÃO 51

Com base no Custeio por Absorção, e desconsiderando os tributos incidentes, os valores do Estoque Final e do Resultado Líquido com Mercadorias, respectivamente, são de:

a. R$ 1.812,50 e R$ 2.062,50.
b. R$ 1.812,50 e R$ 4.262,50.
c. R$ 2.000,00 e R$ 1.500,00.
d. R$ 2.000,00 e R$ 4.000,00.

18. Questão 26 do Exame de Suficiência CFC 2012.2 (Técnico):

26. Uma indústria apresentou os seguintes custos de produção no período, referentes aos produtos A e B:

Custos	Produto A	Produto B
Mão de obra direta	R$ 60.000,00	R$ 40.000,00
Matéria-prima	R$ 50.000,00	R$ 50.000,00

Os custos indiretos de produção foram de R$ 80.000,00.

Utilizando-se o custeio por absorção e o total de custos diretos como critério de rateio, é CORRETO afirmar que:

a. O custo de produção do produto A é R$ 150.000,00.
b. O custo de produção do produto A é R$ 154.000,00.
c. O custo de produção do produto B é R$ 122.000,00.
d. O custo de produção do produto B é R$ 130.000,00.

19. Questão 26 do Exame de Suficiência CFC 2013.1 (Técnico):

26. Uma indústria apresentou os seguintes valores de custo de produção:

Especificação do custo	Produto A	Produto B	Total
Materiais diretos	R$ 60.000,00	R$ 140.000,00	R$ 200.000,00
Mão de obra direta	R$ 120.000,00	R$ 80.000,00	R$ 200.000,00
Custos indiretos de fabricação			R$ 160.000,00

A empresa adota o Custeio por Absorção e rateia os custos indiretos de fabricação com base no total dos custos diretos.

O custo total do produto A é igual a:

a. R$ 228.000,00.
b. R$ 252.000,00.
c. R$ 260.000,00.
d. R$ 276.000,00.

52 CAPÍTULO 3

20. Questão 19 do Exame de Suficiência CFC 2013.1:

19. Uma empresa fabrica e vende os produtos A e B. Durante o mês de fevereiro de 2013, o departamento fabril reportou para a contabilidade o seguinte relatório da produção:

Itens de Custo	Produto A	Produto B	Valor Total
Matéria-prima consumida	R$ 1.800,00	R$ 1.200,00	R$ 3.000,00
Mão de obra direta	R$ 1.000,00	R$ 1.000,00	R$ 2.000,00
Unidades produzidas no período	4.000	12.000	16.000
Custos indiretos de fabricação			R$ 10.000,00

No referido mês, não havia saldos iniciais e finais de produtos em elaboração.

A empresa utiliza, como base de rateio dos Custos Indiretos de Fabricação, o valor da matéria-prima consumida para cada produto.

Com base nos dados acima, é CORRETO afirmar que o Custo Total do Produto A, no mês, é de:

a. R$ 8.800,00.
b. R$ 8.400,00.
c. R$ 7.800,00.
d. R$ 5.300,00.

21. Questão 21 do Exame de Suficiência CFC 2014.1:

21. Uma indústria fabrica dois produtos. Em um determinado mês, o departamento de produção envia para a contabilidade os seguintes dados da produção:

Custos	Produto X	Produto Z	Valor Total
Matéria-prima Consumida	R$ 8.000,00	R$ 10.000,00	R$ 18.000,00
Mão de Obra Direta Consumida	R$ 6.000,00	R$ 6.000,00	R$ 12.000,00
Unidades Produzidas no Mês	1.000	500	1.500
CIF – Custo Indireto de Fabricação			R$ 15.000,00

Sabendo-se que a indústria distribui seus custos indiretos de fabricação de acordo com as unidades produzidas, os custos indiretos de fabricação de acordo com as unidades produzidas, os custos unitários dos produtos X e Z são, respectivamente:

a. R$ 24,00 e R$ 42,00.
b. R$ 20,67 e R$ 48,67.
c. R$ 21,00 e R$ 48,00.
d. R$ 21,50 e R$ 47,00.

CUSTEIO POR ABSORÇÃO **53**

22. Questão 17 do Enade (Exame Nacional de Desempenho dos Estudantes) – Ciências Contábeis:

Questão 17

Uma empresa que utiliza o método de custeio de absorção para a apuração dos custos dos produtos fabricou, em determinado período, 50.000 unidades de um dos produtos de sua linha, com custo total de produção de R$ 1.000.000,00 e custo unitário variável de R$ 8,00. A empresa estima que, para o próximo período, haverá aumento na produção de 20% do referido produto, mantida a estrutura atual de custos, sem necessidade de modificação da capacidade de produção já instalada.

Nessa situação, dado o novo volume de produção, o custo unitário de produção, mantido o método do custeio por absorção, será de:

a. R$ 8,00.

b. R$ 9,60.

c. R$ 18,00.

d. R$ 20,00.

e. R$ 21,60.

4

CUSTEIO VARIÁVEL OU DIRETO

> Considera apenas os custos variáveis de produção plenamente identificados com a atividade fabril.
>
> Os custos fixos (de estrutura e adicionais) são considerados despesas do período.

O objetivo deste capítulo é apresentar a forma de custeio variável, também chamado por alguns de custeio direto. Esse método não pode ser utilizado para fins tributários, mas é muito importante para o gerenciamento e a tomada de decisões.

Competências adquiridas com a leitura do capítulo:

- ❯ Conhecer as premissas para a elaboração do custeio variável.
- ❯ Saber implantar e calcular o custeio variável.

É importante observar que apenas o custeio por absorção é autorizado pela legislação tributária, o qual absorve os custos fixos e variáveis. Esse fato pode direcionar a reflexões sobre os resultados da empresa, pois custos como aluguel, energia elétrica e outros são alocados aos produtos. Dessa forma, no caso de um produto não ser vendido no mês em que foi produzido, esse custo integrará o valor dos estoques.

4.1 CUSTEIO VARIÁVEL

"Somente são apropriados aos produtos os custos variáveis, ficando os custos fixos separados e considerados como despesas do período, indo diretamente para o resultado. Para os estoques, só irão, como consequência, custos variáveis" (MARTINS, 2010, p. 198).

No sistema de custeio variável, o fluxo pode ser entendido como: mão de obra direta + materiais diretos + gastos gerais de fabricação, que resultam no custo do processo produtivo, adicionando os custos variáveis identificados. Os custos fixos e despesas fixas são considerados despesas no resultado do período.

56 CAPÍTULO 4

4.1.1 VANTAGENS DO CUSTEIO VARIÁVEL

> ❯ O lucro líquido não é afetado por variações nos inventários.
> ❯ O lucro, sem considerar os CDF, estará proporcional às vendas.
> ❯ Elimina as variações nos resultados oriundos da quantidade produzida e vendida.
> ❯ Obtenção da MC – margem de contribuição por tipo de produto elaborado e vendido.
> ❯ Identificação dos produtos mais lucrativos.
> ❯ Ferramenta de gestão para decisão, uma vez que possibilita visualizar os produtos com maior margem de contribuição unitária.
> ❯ Os custos variáveis podem ser controlados e acompanhados pelos responsáveis envolvidos na produção, servindo de avaliação de desempenho dos responsáveis pela produção.
> ❯ Adequação do volume de produção correspondente ao volume de vendas.
> ❯ Melhor visualização para tomada de decisão e planejamento.

4.1.2 DESVANTAGENS DO CUSTEIO VARIÁVEL

> ❯ Está em desacordo com os princípios contábeis (competência, confrontação e realização), não sendo aceito para fins fiscais nem pelas auditorias.
> ❯ Os custos fixos e variáveis não conseguem ser efetivamente segregados, o que dificulta a análise decisória em termos de exatidão dos custos totais envolvidos.
> ❯ Os custos fixos são reconhecidos como despesas do período, mesmo que nem todos os produtos fabricados tenham sido vendidos.

4.2 MODELO DE DRE – DEMONSTRAÇÃO DO RESULTADO DO EXERCÍCIO

Conforme mencionado, o **custeio variável** é uma forma de custeamento que considera custo de produção do período apenas os custos variáveis incorridos. Os custos fixos existentes não são considerados custos de produção, e sim despesas, indo diretamente para a DRE.

Os estoques finais de produtos acabados e em elaboração, bem como o CPV – custo do produto vendido, somente conterão custos variáveis. E na DRE, das receitas de vendas, serão diminuídos as deduções de vendas, o CPV e as despesas variáveis, surgindo um novo componente chamado margem de contribuição, o qual acompanhará proporcionalmente o volume de vendas. Os custos fixos serão deduzidos após essa MC – margem de contribuição, direcionando a apuração do lucro. Segue modelo de DRE:

VENDAS BRUTAS
(–) DEDUÇÕES DE VENDAS
Vendas Canceladas
Abatimentos e Descontos Incondicionais Concedidos
Tributos Incidentes sobre as Vendas
= **RECEITA LÍQUIDA**
(–) CUSTO DOS PRODUTOS VENDIDOS*
(–) DESPESAS VARIÁVEIS DE ADMINISTRAÇÃO E VENDAS
= **MARGEM DE CONTRIBUIÇÃO**
(–) CUSTOS FIXOS
(–) DESPESAS FIXAS
= LUCRO OPERACIONAL
(–) IMPOSTOS INDIRETOS (IRPJ/CSLL)
= **RESULTADO DO EXERCÍCIO**

* Estoque inicial de insumos e produtos + compras de insumos + outros custos variáveis (–) estoque final de insumos e produtos.

FIGURA 4.1 DRE – MÉTODO DO CUSTEIO VARIÁVEL

4.3 CUSTEIO VARIÁVEL *VERSUS* CUSTEIO POR ABSORÇÃO – CASO 1

A **Industrial Valéria** vende um único produto, bicicleta modelo Zurique, e em janeiro de 2X16 produziu 800 unidades e apresentou a seguinte situação, não havendo estoques iniciais e finais de produtos em elaboração e também não havendo estoque inicial de produtos acabados. Considerar a não existência de tributos sobre as vendas para facilitar o entendimento:

Custos Fixos	385.000,00
Despesas Fixas R$	80.000,00
Despesas Variáveis por unidade R$	250,00
Custos Variáveis por unidade R$	1.002,50
Vendas em unidades	401
Valor venda unitária R$	2.600,00

O **CPP** – custo da produção do período – será somente os R$ 802.000,00 (800 u. × R$ 1.002,50), que será também o **CPA** – custo da produção acabada. O **CPV** – custo do produto vendido – do período será proporcional à quantidade vendida = R$ 802.000,00/ 800 u. × 401 u. = R$ 402.002,50. O estoque final resultará em 399 unidades, totalizando R$ 399.997,50, uma vez que o custo unitário é de R$ 1.002,50. A seguir, DRE pelo custeio variável:

DRE – Industrial Valéria – método do custeio variável – jan. 2X16

= **VENDAS LÍQUIDAS**	1.042.600,00
(–) CUSTO DOS PRODUTOS VENDIDOS	– 402.002,50
(–) DESPESAS VARIÁVEIS DE ADMINISTRAÇÃO E VENDAS	– 100.250,00
= **MARGEM DE CONTRIBUIÇÃO**	**540.347,50**
(–) CUSTOS FIXOS	– 385.000,00
(–) DESPESAS FIXAS	– 80.000,00
= **RESULTADO DO EXERCÍCIO**	**75.347,50**

Dando continuidade, supor a mesma quantidade produzida e os mesmos custos de janeiro de 2X16, porém todos os produtos que estavam em estoque e as unidades produzidas neste mês de fevereiro de 2X16 foram vendidos.

DRE – Industrial Valéria – método do custeio variável – fev. 2X16

= **VENDAS LÍQUIDAS**	3.117.400,00
(–) CUSTO DOS PRODUTOS VENDIDOS	– 1.201.997,50
(–) DESPESAS VARIÁVEIS DE ADMINISTRAÇÃO E VENDAS	– 299.750,00
= **MARGEM DE CONTRIBUIÇÃO**	**1.615.652,50**
(–) CUSTOS FIXOS	– 385.000,00
(–) DESPESAS FIXAS	– 80.000,00
= **RESULTADO DO EXERCÍCIO**	**1.150.652,50**

> R$ 3.117.400,00 = 1.199 u. × R$ 2.600,00;
> R$ 1.201.997,50 = 1.199 u. × R$ 1.002,50;
> R$ 299.750,00 = 1.199 u. × R$ 250,00.

A seguir, com os mesmos dados, serão elaborados os demonstrativos com a metodologia de custeio por absorção, para que se possa realizar a análise entre as duas metodologias

CUSTEIO VARIÁVEL OU DIRETO **59**

(variável *versus* absorção), direcionando subsídios de reflexão aos gestores das entidades, de qual a melhor apropriação na administração e apuração de resultados.

Relembrando, o custeio variável não é aceito pela legislação, nem pelos princípios de contabilidade, tampouco pelas auditorias; portanto, é elaborado apenas para fins gerenciais.

Método do custeio por absorção: da mesma forma, serão considerados os mesmos dados para a elaboração do custeio por absorção, a fim de que os resultados sejam confrontados e analisados para reflexões dos gestores envolvidos:

CUSTOS FIXOS	385.000,00
CUSTOS VARIÁVEIS (800 u. × R$ 1.002,50)	802.000,00
= CUSTO DE PRODUÇÃO DO PERÍODO	1.187.000,00
= CUSTO DA PRODUÇÃO ACABADA	1.187.000,00
Custo unitário (CPA/quantidade produzida)	1.483,75
Quantidade vendida	401
= CPV CUSTO DOS PRODUTOS VENDIDOS	**594.983,75**
Estoque final em unidades	399
Estoque final em valor R$	592.016,25

DRE – Industrial Valéria – método do custeio por absorção – jan. 2X16

= VENDAS LÍQUIDAS	1.042.600,00
(–) CUSTO DOS PRODUTOS VENDIDOS	– 594.983,75
= Resultado Industrial / Resultado Bruto	**447.616,25**
(–) Despesas Fixas	– 80.000,00
(–) Despesas Variáveis	– 100.250,00
= RESULTADO DO EXERCÍCIO	**267.366,25**

> R$ 594.983,75 = R$ 1.483,75 × 401 u.;
> R$ 100.250,00 = R$ 250,00 × 401 u.

O custo unitário em janeiro de 2X16 era de R$ 1.483,75. Para apuração do custo unitário de fevereiro de 2X16, a composição considera o estoque inicial de produtos acabados de R$ 592.016,25 (399 u. × R$ 1.483,75) e acresce o custo da produção acabada de fevereiro de 2X16 de R$ 1.187.000,00, resultando em R$ 1.779.016,25.

60 CAPÍTULO 4

DRE – Industrial Valéria – método do custeio por absorção – fev. 2X16

= **VENDAS LÍQUIDAS**	3.117.400,00
(–) CUSTO DOS PRODUTOS VENDIDOS	– 1.779.016,25
= **Resultado Industrial/Resultado Bruto**	**1.338.383,75**
(–) Despesas Fixas	– 80.000,00
(–) Despesas Variáveis	– 299.750,00
= **RESULTADO DO EXERCÍCIO**	**958.633,75**

> ❯ R$ 3.117.400,00 = 1.199 u. × R$ 2.600,00;
> ❯ R$ 1.779.016,25 = 1.199 u. × R$ 1.483,75;
> ❯ R$ 299.750,00 = 1.199 u. × R$ 250,00.

4.3.1 ANÁLISE DOS MÉTODOS DE CUSTEIO

A seguir, são apresentadas planilhas para comparação:

Custeio Variável	Jan./2X16	Fev./2X16
Estoque inicial	0	399
Produção	800	800
Quantidade vendida	– 401	– 1199
Estoque final unidades	399	0
Custo unitário R$	1.002,5000	1.002,5000
Estoque final valor R$	399.997,50	0
CPV	**– 402.002,50**	**– 1.201.997,50**

VENDAS = R$ 2.600,00/u.	1.042.600,00	3.117.400,00
(–) CPV	– 402.002,50	– 1.201.997,50
(–) Despesas Variáveis	– 100.250,00	– 299.750,00
= MARGEM DE CONTRIBUIÇÃO	540.347,50	1.615.652,50
(–) Custos Fixos	– 385.000,00	– 385.000,00
(–) Despesas Fixas	– 80.000,00	– 80.000,00
RESULTADO DO EXERCÍCIO	**75.347,50**	**1.150.652,50**

1.226.000,00

CUSTEIO VARIÁVEL OU DIRETO **61**

Custeio Absorção	Jan./2X16	Fev./2X16
Estoque inicial	0	399
Produção	800	800
Quantidade vendida	− 401	− 1199
Estoque final unidades	399	0
Custo unitário R$	1.483,7500	1.483,7500
Estoque final valor R$	592.016,25	0
CPV	**− 594.983,75**	**− 1.779.016,25**

VENDAS − R$ 2.600,00/u.	1.042.600,00	3.117.400,00
(−) CPV	− 594.983,75	− 1.779.016,25
= Resultado/Lucro Bruto	**447.616,25**	**1.338.383,75**

(−) Despesas Variáveis	− 100.250,00	− 299.750,00
(−) Despesas Fixas	− 80.000,00	− 80.000,00
RESULTADO DO EXERCÍCIO	**267.366,25**	**958.633,75**

1.226.000,00

Se o período para comparação começa com estoques iniciais iguais a zero e ao final do segundo período, para comparação, com estoques finais iguais a zero o resultado acumulado do período, pelos dois métodos de custeio, deverá ser igual.

Nos dois casos, as vendas representaram 25,06% em janeiro de 2X16 e 74,94% em fevereiro de 2X16. Porém, com relação ao lucro, em janeiro de 2X16 e fevereiro de 2X16, as diferenças foram significativas; e qual a melhor metodologia pode refletir informações adequadas às partes interessadas? Vai depender de cada gestor. Vide demonstrativo:

	Jan./2X16	Fev./2X16	Total
VENDAS	1.042.600,00	3.117.400,00	4.160.000,00
Participação nas vendas R$	25,06%	74,94%	100,00%
Participação em quantidades	401	1.199	1.600
Participação em quantidades %	25,06%	74,94%	100,00%

Resultado do Exercício:

Custeio Variável	75.347,50	1.150.652,50	1.226.000,00
Percentual de participação em R$	6,15%	93,85%	100,00%

Custeio por Absorção	267.366,25	958.633,75	1.226.000,00
Percentual de participação em R$	21,81%	78,19%	100,00%

62 CAPÍTULO 4

Se a participação em quantidades representa 22% em janeiro de 2X16 e 78% em fevereiro de 2X16 (arredondados), parece mais adequado e lógico o método de custeio por absorção, uma vez que o percentual de participação ficou em 22% e 78% (arredondados), respectivamente, e não com a disparidade percentual do custeio variável de 6% e 94% (arredondados), nessa ordem.

Porém, os aspectos de vantagens e desvantagens das metodologias de custeio devem se adequar ao aprimoramento das informações e dos relatórios gerenciais fornecidos à gestão e às partes interessadas.

4.4 CUSTEIO VARIÁVEL – CASO 2

A **Empresa Vanildo Ltda.** produz e vende um único produto, a boneca modelo "Juju", e em X1 e em X2 apresentou a seguinte situação, não havendo estoques iniciais de produtos em elaboração nem de produtos acabados. Considerar a não existência de tributos sobre as vendas para facilitar o entendimento.

Supor não existir alterações nos preços de venda e nos custos e despesas. Somente ocorreram alterações nas quantidades produzidas e vendidas. A seguir, informações:

Empresa Vanildo Ltda.	X1	X2	R$/u.
Volume normal de produção mensal	500	500	
Produção	**500**	**400**	
Venda	**300**	**550**	
Preço de venda por unidade R$	120,00	120,00	
Desp. Comerc. Adm. Fixas	4.000,00	4.000,00	
Desp. Comerc. e Adm. Variáveis por u.	2.400,00	4.400,00	8,00
Custo Fixo Total	15.000,00	15.000,00	

CUSTOS INCORRIDOS NO PERÍODO X1 - CUSTEIO VARIÁVEL/DIRETO			
Matéria-prima por unidade	300	20,00	6.000,00
Mão de obra direta por u.	300	20,00	6.000,00
Custos Gerais de Fabricação Variável	300	5,00	1.500,00
Custo Total (custeio variável)			**13.500,00**

CUSTOS INCORRIDOS NO PERÍODO X2 - CUSTEIO VARIÁVEL/DIRETO			
Matéria-prima por unidade vendida	550	20,00	11.000,00
Mão de obra direta por u. vendida	550	20,00	11.000,00
Custos Gerais de Produção	550	5,00	2.750,00
Custo Total (custeio variável)			**24.750,00**

CUSTEIO VARIÁVEL OU DIRETO **63**

DRE da Empresa Vanildo Ltda.	X1
Vendas	36.000,00
CPV	– 13.500,00
Despesas Adm. e Comerciais – variáveis	– 2.400,00
Margem de Contribuição	**20.100,00**
Custo Fixo de Produção	– 15.000,00
Despesas Adm. e Comerciais – fixas	– 4.000,00
Lucro do período	**1.100,00**

DRE da Empresa Vanildo Ltda.	X2
Vendas	66.000,00
CPV	– 24.750,00
Despesas Adm. e Comerciais – variáveis	– 4.400,00
Margem de Contribuição	**36.850,00**
Custo Fixo de Produção	– 15.000,00
Despesas Adm. e Comerciais – fixas	– 4.000,00
Lucro do Período	**17.850,00**

> **Obs.:** X1 – Vendas de 300 unidades – Lucro unitário ≈ R$ 3,67
> X2 – Vendas de 550 unidades – Lucro unitário ≈ R$ 32,45

4.5 CUSTEIO VARIÁVEL – CASO 3

A **Industrial Josi** produz e vende 10.000 unidades de cada produto (brincos por R$ 14,00/u. e *piercings* por R$ 15,00/u.) e em X1 apresentou a seguinte situação, não havendo estoques iniciais de produtos em elaboração nem de produtos acabados. Considerar a não existência de tributos sobre as vendas para facilitar o entendimento.

Consumo de MP – matéria-prima – de R$ 100.000,00, sendo 40% para os brincos; depreciação da fábrica (custos fixos) de R$ 40.000,00; despesas fixas de R$ 10.000,00; despesa variável unitária de R$ 2,00 para os brincos e de R$ 3,50 para os *piercings*; material de embalagem de R$ 25.000,00, sendo 60% consumidos para a fabricação dos brincos; e MOD – mão de obra direta – de R$ 40.000,00, sendo 30% aplicados na fabricação dos brincos.

Com essas informações, apure a MC – margem de contribuição – unitária para brincos e *piercings* e apure o resultado do período.

CAPÍTULO 4

			Brincos		**Piercings**
Consumo de MP – matéria-prima	100.000,00	40%	40.000,00	60%	60.000,00
Depreciação da Fábrica	40.000,00				
Despesas Fixas	10.000,00				
Despesas Variáveis	55.000,00	2,00	20.000,00	3,50	35.000,00
Matériais de Embalagem	25.000,00	60%	15.000,00	40%	10.000,00
MOD – mão de obra direta	40.000,00	30%	12.000,00	70%	28.000,00
Vendas dos produtos em unidades			10.000		10.000
Valor unitário da venda			14,00		15,00
Receitas com Vendas do Período			140.000,00		150.000,00

DRE – Industrial Josi – método do custeio variável – X1

DRE Industrial Josi	**Brincos**	10.000	**Piercings**	10.000	**Soma**
Método do Custeio Variável	Total	Unitário	Total	Unitário	
1 Receita	**140.000,00**	**14,00**	**150.000,00**	**15,00**	**290.000,00**
2 (–) Custos variáveis	– 67.000,00		– 98.000,00		– 165.000,00
(–) MD: matéria-prima	– 40.000,00	– 4,00	– 60.000,00	– 6,00	– 100.000,00
(–) MD: embalagem	– 15.000,00	– 1,50	– 10.000,00	– 1,00	– 25.000,00
(–) MOD	– 12.000,00	– 1,20	– 28.000,00	– 2,80	– 40.000,00
3 (–) Despesas variáveis	– 20.000,00	– 2,00	– 35.000,00	– 3,50	– 55.000,00
(–) Gastos variáveis (2 + 3)	**– 87.000,00**		**– 133.000,00**		**– 220.000,00**
4 (=) Margem de contribuição	53.000,00	5,30	17.000,00	1,70	70.000,00
5 (–) Custos fixos					**– 40.000,00**
6 (–) Despesas fixas					**– 10.000,00**
7 (=) Resultado do período					20.000,00

Percebe-se claramente que as apurações obtidas direcionam uma melhor MC para os brincos, mantendo a mesma quantidade produzida e vendida no período de 10.000 unidades para cada produto. Dessa forma, por esse método de custeio, a **Industrial Josi** poderia, a princípio, otimizar a venda de brincos, e o seu resultado melhoraria, uma vez que os custos MP, MOD e as despesas variáveis são menores para esse produto.

Com esse relatório, a gestão pode tomar as melhores decisões e o melhor direcionamento para a publicidade e a otimização da produção.

CUSTEIO VARIÁVEL OU DIRETO **65**

Porém, considere a seguinte hipótese: que, do somatório de custos e despesas fixos totais de R$ 50.000,00, seja alocado ao produto *piercing* o valor de R$ 20.000,00. Com essa apropriação de R$ 20.000,00, a MC, que representa R$ 17.000,00, na realidade será um resultado com prejuízo desse produto em R$ 3.000,00.

Esse fato significa que os custos e despesas fixos existem para os dois produtos e que a capacidade de poder identificar adequadamente a distribuição desse custo direcionará ao resultado final de cada produto e de seu lucro ou prejuízo.

4.6 CONSIDERAÇÕES SOBRE O CAPÍTULO

Neste capítulo foi destacado que no custeio variável são alocados aos produtos apenas os custos variáveis; portanto, há entendimento de uma parte dos gestores de que o resultado estará mais próximo da realidade, pois nos estoques não há valores como custos fixos e de períodos anteriores.

Apesar de o custeio variável não ser autorizado pela legislação tributária, é muito relevante sua contribuição para análise da empresa e para a tomada de decisão. A legislação tributária não permite o uso desse método, pelo fato de que o custeio variável afeta o resultado, impactando no valor da CSLL (Contribuição Social sobre o Lucro Líquido) e do IRPJ (Imposto sobre a Renda Pessoa Jurídica).

4.7 EXERCÍCIOS

1. Assinale a afirmação verdadeira em relação ao método de custeio variável:
   a. ( ) É utilizado apenas para atender à legislação tributária.
   b. ( ) Somente são apropriados aos produtos os custos variáveis, ficando os custos fixos separados e considerados como despesas do período.
   c. ( ) Não pode ser utilizado para tomada de decisões.
   d. ( ) É exigido pela legislação tributária.
   e. ( ) Apropria os custos fixos e variáveis.

2. Leia as afirmações a seguir:
   I – Caso haja interesse pelo custeio variável, pode-se adotá-lo sem nenhum problema, porém, ao final de cada exercício, devem-se fazer os ajustes de acordo com o que é permitido pela legislação.
   II – O custeio por absorção aloca custos fixos e variáveis aos estoques, podendo aumentar o valor desses estoques.
   III – O custeio variável absorve custos fixos e variáveis.

   É possível afirmar que:
   a. ( ) Apenas a afirmação I é verdadeira.

66 CAPÍTULO 4

    b. ( ) Apenas a afirmação II é verdadeira.
    c. ( ) Apenas a afirmação III é verdadeira.
    d. ( ) A afirmação III é falsa.
    e. ( ) As afirmações I e III são falsas.

3. Leia as afirmações a seguir:

I – O custeio por absorção pode direcionar a diferenças nos resultados das empresas, quando comparado com o custeio variável.

II – Apurar o custeio variável é inadequado.

III – A empresa pode apurar pelo método de custeio variável para fins gerenciais, porém não pode utilizá-lo para fins tributários.

É possível afirmar que:

    a. ( ) Apenas a afirmação I é verdadeira.
    b. ( ) Apenas a afirmação II é verdadeira.
    c. ( ) Apenas a afirmação III é verdadeira.
    d. ( ) Apenas as afirmações I e III são verdadeiras.
    e. ( ) Todas as afirmativas são verdadeiras.

4. Defina custeio variável.

_____

_____

_____

_____

5. Com os dados a seguir da empresa **Maria Maria**, preencha a tabela e calcule o lucro e o estoque final, pelo método de **custeio variável**:

Período	Produção – Unidades	Vendas
Ano 1	100.000	40.000
Ano 2	40.000	70.000
Ano 3	70.000	70.000
Ano 4	60.000	70.000

Preço de venda = R$ 120,00/un.
Matéria-prima = R$ 51,00/un.
Componentes= R$ 0,80/un.
Custos fixos = R$ 200.000,00/ano.
Estoque inicial = zero.

CUSTEIO VARIÁVEL OU DIRETO **67**

R$ 1,00 – Em Reais	Ano 1	Ano 2	Ano 3	Total
Vendas				
(–) CPV				
Margem				
Custo Fixo				
Lucro				
Estoque Final				

Conforme os dados a seguir, responda os exercícios 6 a 11.

Observação: os exercícios devem ser feitos pelo método do **custeio variável**.

A empresa **Novos Tempos Ltda.** possuía os seguintes dados, relativos aos anos 20X1 a 20X3, em seus controles:

Preço de venda = R$ 42,00/un.
Matéria-prima = R$ 22,00/un.
Custos fixos = R$ 280.000,00/ano.
Estoque inicial = zero.

Produção Anual em Unidades		
Ano	Produção	Vendas
20X1	30.000	29.000
20X2	40.000	38.500
20X3	52.000	54.300

6. Qual o estoque final do período em unidades?
   a. ( )   1.000
   b. ( ) – 2.300
   c. ( )   2.300
   d. ( ) 122.000
   e. ( )   200

7. Qual o estoque final em reais?
   a. ( ) R$ 22.000,00
   b. ( ) R$ 81.400,00

68 CAPÍTULO 4

    c. ( ) R$ 4.400,00

    d. ( ) R$ 200,00

    e. ( ) R$ 5.476,92

8. Qual o faturamento dos 3 anos?

    a. ( ) R$ 1.019.200,00

    b. ( ) R$ 1.218.000,00

    c. ( ) R$ 1.597.076,92

    d. ( ) R$ 1.617.000,00

    e. ( ) R$ 5.115.600,00

9. Qual o CPV (custo do produto vendido) dos 3 anos?

    a. ( ) R$ 2.679.600,00

    b. ( ) R$ 1.194.600,00

    c. ( ) R$ 638.000,00

    d. ( ) R$ 2.436.000,00

    e. ( ) R$ 1.491.023,08

10. Qual o lucro dos 3 anos?

    a. ( ) R$ 1.086.000,00

    b. ( ) R$ 1.596.000,00

    c. ( ) R$ 2.679.600,00

    d. ( ) R$ 2.436.000,00

    e. ( ) R$ 81.200,00

Observação: Compare os resultados dos exercícios 6 a 10 com os exercícios 6 a 10 do Capítulo 3.

---

11. Leia as seguintes afirmações em relação à empresa Novos Tempos Ltda. e assinale a alternativa correta:

    I –   O faturamento varia conforme a forma de custeio.

    II – A forma de custeio não impacta nos resultados da empresa.

    III – O valor do estoque no custeio variável normalmente é menor, pois não há custos fixos.

    a. ( ) Apenas a afirmação I está correta.

    b. ( ) Apenas a afirmação II está correta.

    c. ( ) Apenas a afirmação III está correta.

    d. ( ) As afirmações I e II estão corretas.

    e. ( ) Todas as afirmações estão corretas.

CUSTEIO VARIÁVEL OU DIRETO **69**

12. Questão 24 do Exame de Suficiência CFC 2014.2 (Técnico):

24. Relacione os métodos de custeio, enumerados na primeira coluna, com as respectivas descrições na segunda coluna e, em seguida, assinale a opção **CORRETA**.

(1) Custeio Baseado em Atividades   ( ) Método que aloca os custos variáveis aos produtos e considera os custos fixos como despesa do período, afetando o resultado desse período.

(2) Custeio por Absorção   ( ) Forma de alocação de custos que consiste no rateio dos custos de produção e de todas as despesas da empresa, inclusive as financeiras, a todos os produtos.

(3) Custeio Variável   ( ) Procura reduzir as distorções provocadas pelo rateio arbitrário dos custos indiretos, por meio da utilização de direcionadores de custos.

(4) Custeio Pleno ou RKW   ( ) Consiste na apropriação de todos os custos de produção aos bens elaborados. Todos os gastos relativos ao esforço de produção são distribuídos para todos os produtos ou serviços feitos.

A sequência **CORRETA** é:

a. 2, 1, 4, 3.
b. 2, 4, 1, 3.
c. 3, 1, 4, 2.
d. 3, 4, 1, 2.

13. Questão 19 do Exame de Suficiência CFC 2012.2:

19. No primeiro trimestre de 2012, uma indústria conclui a produção de 600 unidades de um produto, tendo vendido 400 unidades ao preço unitário de R$ 120,00. No mesmo período, foram coletadas as informações abaixo:

Custo Variável Unitário	R$	20,00
Total de Custos Fixos	R$	18.000,00
Despesas Variáveis de Vendas	R$	2,00 por unidade
Estoque Inicial de Produtos Acabados	R$	0,00

Com base nas informações acima, feitas as devidas apurações, o Custo dos Produtos Vendidos calculado, respectivamente, por meio do Custeio por Absorção e do Custeio Variável, alcançou os seguintes valores:

a. R$ 18.000,00 e R$ 8.000,00.
b. R$ 18.000,00 e R$ 8.800,00.
c. R$ 20.000,00 e R$ 8.000,00.
d. R$ 20.000,00 e R$ 8.800,00.

70 CAPÍTULO 4

14. Questão 26 do Enade 2015 (Exame Nacional de Desempenho dos Estudantes) – Tecnólogo em Gestão Financeira:

Questão 26

Uma empresa de comercialização de doces pretende adotar um controle de custos. Sabe-se que o Método de Custeio por Absorção e o Método de Custeio Variável são os indicados para tais necessidades.

A tabela a seguir resume as informações necessárias para as decisões a serem tomadas.

Preço de Venda por unidade	R$	10,00
Custos Variáveis de produção por unidade	R$	2,00
Custos Fixos por mês	R$	50.000,00
Despesas Variáveis por unidade vendida	R$	2,00
Volume Mensal de Produção	50.000 unidades	
Volume Mensal de Vendas	30.000 unidades	

Nesse caso, o lucro mensal da empresa, calculado pelo Método do Custeio por Absorção e pelo Método de Custeio Variável, é igual, respectivamente, a

a. R$ 100.000,00 e R$ 180.000,00.

b. R$ 150.000,00 e R$ 130.000,00.

c. R$ 210.000,00 e R$ 240.000,00.

d. R$ 240.000,00 e R$ 220.000,00.

e. R$ 244.000,00 e R$ 234.000,00.

5

CUSTEIO ABC

> É a alocação de custos indiretos aos produtos, tendo como base a metodologia do conceito e o foco na atividade, utilizando direcionadores de custos.

De acordo com Martins:

> ABC consiste em uma ferramenta que permite melhor visualização dos custos por meio da análise das atividades executadas na empresa e as suas relações com os produtos. Para se utilizar o ABC, é necessário definir as atividades relevantes dos departamentos, bem como os direcionadores de custos de recursos, que irão alocar os diversos custos incorridos às atividades.[1]

Neste capítulo apresenta-se a forma de custeio ABC (*activity based costing*), que consiste no custeio baseado em atividades. É um importante método de identificação de custos, pois auxilia muito a tomada de decisão. O custeio ABC passou a ser muito utilizado na década de 1980, mas afirma-se que já era utilizado na década de 1960 nos Estados Unidos.

Competências adquiridas com a leitura do capítulo:

- ❯ Identificar e segregar os geradores de custos.
- ❯ Saber alocar os geradores de custos a cada produto ou serviço.
- ❯ Saber desenvolver e implantar sistema de custeio baseado em atividades.

Esse método de custeio analisa os custos indiretos, identificando quais são os seus geradores de custos, alocando-os conforme cada atividade. Ele possibilita uma visão gerencial muito melhor de cada produto.

---

[1] MARTINS, Eliseu. *Contabilidade de custos*. 10. ed. São Paulo: Atlas, 2010. p. 103.

72 CAPÍTULO 5

5.1 CUSTEIO BASEADO EM ATIVIDADES (*ACTIVITY BASED COSTING*)

Os métodos de custeio, conforme visto anteriormente, são as maneiras para apurar os custos dos bens, serviços ou produtos. Os três principais métodos de custeio abordados pela bibliografia de custos no Brasil são: custeio por absorção; custeio variável; e custeio ABC.

Geralmente as empresas alocam os custos indiretos por meio de rateio. O rateio consiste na distribuição proporcional dos custos pelos recursos envolvidos. Exemplos de rateio:

> ❯ A divisão do salário de um consultor pelo número de consultorias realizadas, para identificar o custo de cada consultoria realizada. Essa divisão geralmente não representa a realidade, pois cada atividade de consultoria exige um número de horas de trabalho específico, podendo impactar em precificações erradas.
> ❯ A divisão do custo de energia elétrica pelo número de peças produzidas, sem considerar que determinada peça necessita de maior utilização de energia elétrica para a produção.

O sistema de custeio baseado em atividades procura evitar distorções causadas pelos rateios. Para a sua implantação é necessário identificar os **direcionadores de custos**, que são **recursos** e **atividades**.

Observe que os recursos são atribuídos a cada atividade; em seguida, as atividades são atribuídas a objetos de custo com base no seu uso.

Martins (2010) afirma que os direcionadores de custos são fatores que determinam o custo de uma atividade. Uma vez que as atividades exigem recursos para serem realizadas, conclui-se que o direcionador é a verdadeira causa dos seus custos. É importante distinguir dois tipos de direcionadores:

1. direcionadores de custos e recursos (os de primeiro estágio, que identificam a maneira como as atividades consomem recursos para custear as atividades);
2. direcionadores de custos de atividades (identificam a maneira como os produtos e serviços consomem atividades, servindo, assim, para o seu custeamento).

Portanto, a principal diferença da aplicação desse método se relaciona à apropriação dos custos indiretos.

O objetivo da utilização dessa ferramenta de gestão é apropriar de forma mais lógica os custos indiretos aos produtos, evitando prováveis distorções e arbitrariedades de rateio dos CIF. A seguir, apresentam-se as vantagens e as desvantagens do custeio ABC.

5.2 PROVÁVEIS VANTAGENS E DESVANTAGENS DO CUSTEIO ABC

O desenvolvimento e a implantação do sistema de custeio ABC têm vantagens e desvantagens. Por esse motivo, antes de uma empresa implantá-lo e desenvolvê-lo, deve avaliá-las.

CUSTEIO ABC **73**

Vantagens do sistema de custeio ABC:

❯ Proporciona transparência ao processo de contabilização, pois identifica itens em estudo que estarão consumindo mais recursos.

❯ Fornece subsídios para gestão econômica e financeira.

❯ No caso de uma atividade não agregar valor ao produto ou agregar valor abaixo do custo, possibilita a sua eliminação ou a revisão do processo.

❯ Possibilita informações mais fidedignas, auxiliando a tomada de decisões.

❯ Há maior adequação às empresas de serviços.

❯ Para as indústrias, permite melhor visualização dos seus serviços alocados aos produtos.

❯ Auxilia o acompanhamento e o controle interno e proporciona melhor visualização dos fluxos.

Desvantagens do sistema de custeio ABC:

❯ Necessita de um adequado e eficaz sistema de informações, geralmente desenvolvido pela própria empresa, o que requer profissionais qualificados para o desenvolvimento e o acompanhamento do sistema.

❯ Necessita, também, de pessoal competente, qualificado, experiente e em quantidade suficiente para a implantação, o acompanhamento e a operação do sistema.

❯ Há necessidade de revisão constante.

❯ Requer maior custo e desembolso financeiro.

O sistema de custeio ABC consiste em um sistema de custeio por absorção, porém diferente do tradicional, pela não utilização do rateio. Portanto, é um sistema aceito pela legislação fiscal que pode substituir o tradicional ou operar em paralelo.

5.3 ETAPAS DO PROCESSO DE IMPLANTAÇÃO DO SISTEMA DE CUSTEIO BASEADO EM ATIVIDADES

Esse processo de implantação requer uma revisão dos processos internos e o desenvolvimento de um sistema de informações adequado e adaptado ao perfil e às atividades da empresa. Após a implantação, são necessárias a constante alimentação dos dados e a revisão sistemática e/ou periódica do sistema, devendo obedecer as seguintes etapas:

1. **Identificar e relacionar as atividades**: nessa etapa, a empresa deve relacionar todas as atividades que agregam valor ou que são necessárias para a criação e oferta de determinado produto ou serviço.
2. **Atribuir custos às atividades**: após identificar e segregar cada atividade da empresa, é importante realizar o levantamento dos seus custos.

74 CAPÍTULO 5

3. **Atribuir o custo das atividades aos produtos** (direcionadores de atividades): nessa terceira fase, é realizada a alocação do custo de cada atividade aos produtos e serviços ofertados.

5.4 SISTEMA ABC NA PRÁTICA

A seguir, apresenta-se um exemplo prático de sistema ABC. Esse exemplo foi extraído de artigo elaborado por Castro e Santos (2012). Trata-se de um escritório de contabilidade que implantou o sistema de custeio ABC para os seus serviços prestados na área fiscal.

Após levantamento, foram identificados alguns serviços prestados, como os exemplos a seguir (CASTRO; SANTOS, 2012, p. 96-98):

I. Relatórios preenchidos na forma de informativos mensais.
II. Recolhimento e acompanhamento das notas fiscais de serviços dos clientes.
III. Impressão dos relatórios disponíveis pelo *software* da empresa para que sejam utilizados de base para o preenchimento da documentação da receita, além de manutenção e constituição dos arquivos.
IV. Por meio de um programa disponibilizado pela Prefeitura Municipal de São Paulo são impressos os relatórios disponíveis no programa, sendo que uma cópia é salva e encaminhada por *e-mail* para os clientes.
V. Os tributos são apurados: PIS (Programa de Integração Social), COFINS (Contribuição para o Financiamento da Seguridade Social), IRPJ (Imposto sobre a Renda de Pessoa Jurídica), CSLL (Contribuição Social sobre o Lucro Líquido), ICMS (Imposto sobre Operações relativas à Circulação de Mercadorias e sobre Prestações de Serviços de Transporte Interestadual e Intermunicipal e de Comunicação) e o DAS (Documento de Arrecadação do Simples Nacional).

Após esses serviços serem identificados, foram apontados os custos na área fiscal. Os custos identificados foram:

> salários e encargos;
> aluguel e condomínio;
> material de escritório;
> telefonia;
> energia elétrica utilizada no setor;
> material de copa/cozinha/limpeza;
> tributos.

Posteriormente, foram desenvolvidos os direcionadores de custos, conforme a seguir:

CUSTOS	DIRECIONADORES
Salário e obrigações	Quantidade de tempo trabalhado
Aluguel e condomínio	% m² utilizado
Material de escritório	% de material utilizado
Telefonia	Quantidade de tempo utilizado
Energia elétrica	% de kW utilizado
Material de copa/cozinha/limpeza	Quantidade de tempo trabalhado
Tributos	Quantidade de tempo trabalhado
Depreciação	Quantidade de tempo trabalhado
Sistema/*software*	Quantidade de tempo trabalhado

Fonte: Castro e Santos (2012, p. 101).

FIGURA 5.1 COMPARAÇÃO DOS SISTEMAS DE CUSTEIO

Observe que por meio desses direcionadores é possível identificar os custos de cada serviço de contabilidade prestado.

5.5 SISTEMA ABC – EXERCÍCIO-EXEMPLO

É importante entender e considerar os custos em função dos direcionadores de custos. Os direcionadores de custos podem ser, por exemplo: nº de lotes inspecionados e armazenados; nº de pedidos de entrega dos produtos; nº de horas-máquina no processamento dos produtos; nº de horas de transporte; tempo em horas dos supervisores e engenheiros; nº de lotes recebidos; nº de ordens de produção; horas-máquina para operação dos equipamentos etc.

A alocação dos CIF pode ser: pela proporção de inspeção da MP; do armazenamento da MP; do controle dos estoques; do processo do produto; do tempo gasto para controle do processo; recebimento e movimentação do material; planejamento e controle de produção; operação de equipamento etc.

Considerando a questão 18 do Exame de Suficiência do CFC – Conselho Federal de Contabilidade 2015.1, é apresentada solução proposta, com utilização da proporcionalidade dos direcionadores de custos, para apropriação dos CIF ao Produto 1:

76 CAPÍTULO 5

18. O Departamento de Custos de uma sociedade industrial apresentou os seguintes dados:

I. Referentes à produção do período:

	Produto 1	Produto 2	Total
Produção (unidades)	10.000	200	10.200
Custo Direto (por unidade)	R$ 15,00	R$ 10,00	
Custo Direto Total	R$ 150.000,00	R$ 2.000,00	R$ 152.000,00
Custo Indireto de Fabricação			R$ 223.400,00
Número de lotes recebidos e produzidos	50	30	80
Quantidade de ordens de produção	16	4	20
Horas-máquina para operação do equipamento	900	400	1.300

II. Referentes à distribuição dos Custos Indiretos de Fabricação:

Gasto	Valor	Direcionador de custo
Recebimento e Movimentação de Material	R$ 72.400,00	Número de lotes recebidos e produzidos
Planejamento e Controle de Produção	R$ 47.000,00	Quantidade de ordem de produção
Operação do Equipamento	R$ 104.000,00	Horas-máquina para operação do equipamento
Total	**R$ 223.400,00**	

Considerando que a empresa adota o Custeio Baseado em Atividades, o custo de produção do produto 1 é de:

a. R$ 284.040,00.

b. R$ 289.625,00.

c. R$ 304.850,00.

d. R$ 328.720,00.

A resposta correta é a alternativa **c. R$ 304.850,00**. Segue demonstração:

Produção do Período	1	2	Total		
Produção (unidades)	**10.000**	200	10.200		
Custo direto unitário	**R$ 15,00**	R$ 10,00			
Custo direto total	**R$ 150.000,00**	R$ 2.000,00	R$ 152.000,00		
Custo indireto de produção			R$ 223.400,00		
Número de lotes recebidos e produzidos	**50**	30	80		1
Quantidade de horas de produção	**16**	4	20		2
Horas-máquina para operaração do equipamento	**900**	400	1.300		3

Distribuição dos CIF	Valor	Direcionador de Custo	
Recebimento e Movimentação de material	R$ 72.400,00	Nº de lotes recebidos e produzidos	1
Planejamento e Controle de Produção	R$ 47.000,00	Quantidade de ordens de produção	2
Operação do Equipamento	R$ 104.000,00	Horas-máquina para operação do equipamento	3
Total	R$ 223.400,00		

CUSTEIO ABC - Solução proposta

Custo total do Produto 1		**TOTAL Prod. 1**	Produto 1	Total	
MP	150.000,00	150,000.00			
CIF produtos 1 e 2 % do Direcionador de Custo					
Recebimento e Movimentação de material	R$ 72.400,00	45.250,00	50	80	1
Planejamento e Controle de Produção	R$ 47.000,00	37.600,00	16	20	2
Operação do Equipamento	R$ 104.000,00	72.000,00	900	1300	3
	R$ 223.400,00	**304.850,00**			

78 CAPÍTULO 5

5.6 CONSIDERAÇÕES SOBRE O CAPÍTULO

De forma adequada e constantemente atualizado, o sistema de custeio ABC traz uma visão gerencial e um índice de acompanhamento que possibilita maior competitividade e revisão dos processos. Ele é muito importante, inclusive, para as empresas de serviços. O que deve ser analisado é o custo de sua implantação, desde o desenvolvimento, acompanhamento e alimentação do sistema em relação aos benefícios. A decisão em adotá-lo deve ser de cada empresa, conforme a sua estrutura, porte e níveis de complexidade e de competitividade, com efetivo retorno à gestão da entidade.

5.7 PROPOSTA DE ATIVIDADE

Selecione uma empresa e realize uma entrevista com um dos gestores, com os seguintes objetivos:

- verificar os métodos de custeio utilizados;
- selecionar um produto ou serviço;
- identificar quais os custos diretos desse produto ou serviço selecionado;
- identificar quais atividades são relacionadas a esse produto; e
- identificar quais são os direcionadores de custos dessas atividades.

5.8 EXERCÍCIOS

1. Assinale a alternativa <u>falsa</u>:
   a. (   ) No custeio ABC as atividades consomem recursos e os produtos consomem atividades.
   b. (   ) Para o custeio ABC é relevante separar os custos em fixos e variáveis.
   c. (   ) O sistema de custeio ABC necessita segregar as atividades da empresa.
   d. (   ) O custeio baseado em atividade não é utilizado para a tomada de decisão.
   e. (   ) O sistema de custeio ABC é aceito para fins tributários.

2. Em relação ao custeio baseado em atividades é correto afirmar que:
   a. (   ) É um sistema de baixo custo.
   b. (   ) Não possibilita identificar cada atividade da empresa.
   c. (   ) Requer envolvimento e comprometimento dos funcionários da empresa.
   d. (   ) Tem apenas custo para sua implantação.
   e. (   ) Não é permitido para fins fiscais.

3. Assinale a alternativa verdadeira:
   a. (   ) O custeio por absorção tradicional é o que tem maior custo de implantação.

CUSTEIO ABC **79**

b. ( ) O custeio ABC é um sistema que requer profissionais capacitados para o desenvolvimento, a implantação, a atualização, o acompanhamento e a alimentação.

c. ( ) O custeio ABC é melhor por ter menor custo de implantação.

d. ( ) O custeio variável disponibiliza todas as informações do custeio ABC e por menor custo.

e. ( ) A legislação fiscal exige o sistema de custeio ABC para todas as empresas.

4. Leia as afirmações a seguir:

I – O custeio baseado em atividades é aceito para fins fiscais, mas o objetivo do seu desenvolvimento é gerencial.

II – O custeio variável é o único aceito para fins fiscais.

III – O custeio por absorção é apenas para fins gerenciais.

É possível afirmar que:

a. ( ) Apenas a afirmação I é verdadeira.

b. ( ) Apenas a afirmação II é verdadeira.

c. ( ) Apenas a afirmação III é verdadeira.

d. ( ) Apenas as afirmações I e III são verdadeiras.

e. ( ) Todas as afirmações são verdadeiras.

5. A **Industrial Moshe** fabrica peças em madeira, e seus dados registram os seguintes valores em janeiro de 20X6:

a. Custos variáveis unitários = R$ 30,00.

b. Todas as peças passam pelas atividades "corte" e "pintura".

c. No início do período 10.000 peças foram para corte, 9.800 foram terminadas.

d. Após o corte, essas peças passam pela atividade de pintura, sendo que 9.500 foram pintadas e as outras ficaram inacabadas.

e. Não havia estoques iniciais.

f. Os custos no período de corte e pintura, respectivamente, foram: R$ 89.000,00 e R$ 125.000,00.

g. O direcionador de custos é o tempo utilizado para corte e para pintura. Todas as peças são similares, portanto o tempo aproximado é similar para todas elas.

Perguntas:

a. Custo unitário de corte R$ _____

b. Custo unitário de pintura de peças R$ _____

c. Custo unitário de produção R$ _____

d. Custo dos produtos acabados R$ _____

6. Questão 18 do Exame de Suficiência CFC 2011.2:

18. As seguintes informações foram extraídas do departamento de escuderia de uma indústria, no mês de junho de 2011, que utiliza o sistema de custeio ABC:

CAPÍTULO 5

Produto	MATERIAIS DIRETOS	MÃO DE OBRA DIRETA	Pedidos de alterações de engenharia	Quilowatt-hora
A	R$ 22.000,00	R$ 8.000,00	15	7.000 W
B	R$ 28.000,00	R$ 12.000,00	25	13.000 W
Total	R$ 50.000,00	R$ 20.000,00	40	20.000 W

Foram identificadas as seguintes atividades relevantes:

ATIVIDADE	DIRECIONADOR DE CUSTO
Realizar engenharia	Pedidos de alterações de engenharia
Energizar	Quilowatt-hora

Os custos indiretos de manufatura para o mês foram:

Realizar engenharia	R$ 84.000
Energizar	R$ 15.000
Total dos custos indiretos de manufatura	R$ 99.000

Com base nos dados apresentados, assinale a opção que apresenta o custo total do Produto "A" e do Produto "B", utilizando o método ABC, respectivamente:

a. R$ 66.750,00 e R$ 102.250,00.

b. R$ 69.600,00 e R$ 99.400,00.

c. R$ 72.429,00 e R$ 96.571,00.

d. R$ 73.560,00 e R$ 95.440,00.

6

CUSTO PADRÃO

> O custo padrão objetiva fixar base de comparação com o que ocorreu e o que deveria ter ocorrido, destacando ineficiências na linha de produção e contribuindo, de forma eficaz, no planejamento e controle de custos.
>
> MARTINS[1]

Este capítulo tem o objetivo de apresentar o conceito de custo padrão e demonstrar como pode ser realizada a sua aplicação na empresa.

Competências adquiridas com a leitura do capítulo:

> ❯ Compreender o conceito de custo padrão.
> ❯ Saber desenvolver e aplicar esse conceito para a melhor gestão empresarial.
> ❯ Possibilitar a formulação do custo padrão para o acompanhamento e o controle empresarial.

O custo padrão consiste em atribuir um custo considerado "ideal", conforme análise de um processo produtivo ou de oferta de um serviço. Esse custo padrão é utilizado para a análise e o acompanhamento dos resultados, portanto trata-se de um procedimento gerencial.

O custo padrão é uma meta que deve buscada. Se a empresa operar em plena eficiência e máximo rendimento, deverá atingir esse custo predeterminado.

Portanto, o custo padrão deve ser com base em valor (R$) e em quantidade (unidades e quilos). A sua utilização exige mais trabalho por parte da empresa, uma vez que deverá ocorrer a comparação entre o custo real e as análises nas variações ocorridas. Sua implantação somente será bem-sucedida se existir um bom sistema de custo real e com revisões periódicas.

6.1 CUSTO PADRÃO

O conceito de custo padrão ideal seria a utilização dos melhores materiais, com a mão de obra mais eficiente e com 100% da capacidade instalada. Seria uma meta de longo prazo,

---

[1] MARTINS, Eliseu. *Contabilidade de custos*. 10. ed. São Paulo: Atlas, 2010.

sendo extremamente restrita. Pressupõe-se que não deveria haver nenhuma ineficiência. Porém, é importante observar que podem ocorrer variáveis externas (greves, falta de energia elétrica, enchentes e outras, ou mesmo ineficiência decorrente do processo).

No conceito de custo padrão corrente, a empresa fixa como meta para o próximo período, para um determinado produto ou serviço, levando em consideração possíveis limitações que envolvem o processo. Não é impossível de ser alcançado, mas é considerado bem difícil.

A elaboração de um custo padrão corrente parte do pressuposto de que algumas ineficiências são inevitáveis.

Ao trabalhar com o custo estimado, simplesmente utilizam-se registros históricos, baseando-se em médias passadas, enquanto no custo padrão corrente a metodologia é mais apurada e refinada, verificando-se, por exemplo, o consumo de energia elétrica e lubrificantes em cada máquina, considerando suas características técnicas e averiguando, assim, o volume possível de produção.

O custo padrão não deixa de ser considerado, também, uma espécie de orçamento, e supõe melhorias de aproveitamento nos processos, fatores e desempenhos de produção. Portanto, em relação ao custo padrão, observa-se que:

- atende aos preceitos da contabilidade gerencial;
- é útil para ser utilizado nas fases de planejamento, execução, controle e programação;
- cabe à área de contabilidade de custos apurar as variações; e
- é aplicado ao custeio variável, absorção, ABC e pleno; sendo sinônimo de custo predeterminado; devendo ser comparado com o custo histórico.

Normalmente, a fixação de horas de mão de obra, quantidade de materiais, horas-máquina, consumo de kWh e outros é feita pela engenharia de produção, que, junto com a contabilidade de custos, fixará o custo padrão de cada bem ou serviço produzido.

Uma das dificuldades é manter padrões para um determinado período, uma vez que podem ocorrer processos inflacionários de um lado, e, por outro lado, o processo pode ser melhorado com a aquisição de novas tecnologias de processos.

As variações ocorridas deverão ser analisadas e tomadas as devidas providências de adequação. Contabilmente, a análise entre padrão e real deverá ter as variações adequadamente registradas, dentro dos princípios que norteiam a contabilidade, já que serão distribuídas aos estoques e nos custos dos produtos vendidos.

O NPC 2 – Pronunciamento do Instituto dos Auditores Independentes do Brasil – IBRACON nº 2, de 30/04/1999, considera que o custo padrão é aceitável, mas deve ser periodicamente revisto e ajustado, conforme descrito a seguir:

> 37 – Custos padrão são também aceitáveis se revisados e reajustados periodicamente, sempre que ocorrerem alterações significativas nos custos dos materiais, dos salários, ou no próprio processo de fabricação, de forma a refletir as condições correntes. Na data do balanço, o custo padrão deve ser ajustado ao real.

CUSTO PADRÃO **83**

6.2 CUSTO PADRÃO – ANÁLISE DAS VARIAÇÕES DE MATERIAIS E MÃO DE OBRA

A seguir, situação hipotética:

Custo padrão = R$ 375,00
Custo real = R$ 425,00

Percebe-se uma variação desfavorável (real maior que padrão) de R$ 50,00. A análise se inicia com a decomposição desses valores:

		Custo padrão	Custo real	Variação total
Mat.-prima	(M.D.)	200,00	210,00	10,00
	M.O.D.	100,00	115,00	15,00
CUSTOS INDIRETOS		75,00	100,00	25,00
	TOTAIS	375,00	425,00	50,00

6.3 CUSTO PADRÃO – VARIAÇÃO DE MATERIAIS DIRETOS

O primeiro detalhamento deve verificar a composição de todo material direto, em quantidades físicas e valores em R$, comparando a matéria-prima e a embalagem, entre o real (área de compras/valor R$) e padrão (área de produção, quantidade e valor R$ imputado).

As variações ocorrem por inúmeras razões, e provavelmente as respostas da área de produção seriam:

a. máquinas mal reguladas ou malpreparadas, que estragaram a matéria-prima;

b. baixa qualidade da matéria-prima utilizada, provocando maior consumo;

c. baixa qualidade ou imperícia da mão de obra, aumentando o consumo;

d. acondicionamento inadequado e/ou problemas técnicos etc.;

e. prazo curtíssimo para entrega, resultando em compra urgente, em valor maior;

f. compra inadequada pelo departamento de compras;

g. tempo utilizado para adequação da linha de produção;

h. política da direção em comprar de outro fornecedor; e

i. compra malfeita por deficiência do departamento de controle e programação da produção e outros.

84 CAPÍTULO 6

Os tipos de variação podem ser:

- **de quantidade:** pode ter ocorrido somente variação de quantidade, apurando-se, assim, a diferença;
- **de preço:** pode ter ocorrido somente variação de preço, apurando-se, assim, a diferença;
- **de quantidade e de preço (mista):** pode ter ocorrido tanto variação de quantidade quanto variação de preço, apurando-se, assim, a diferença, chamada variação mista.

6.4 CUSTO PADRÃO – VARIAÇÃO DE MÃO DE OBRA DIRETA

Igualmente à variação de materiais, podem ocorrer variações na mão de obra direta. **A variação de quantidade é denominada variação de eficiência, e a variação de preço consiste na variação de taxa.**

Tanto na variação de materiais quanto na variação de mão de obra direta, as causas podem ser facilmente localizadas, porém, em outros casos, o custo e o tempo serão elevados para a análise, e normalmente as empresas podem estipular um percentual admissível para tais variações.

As variações ocorrem por inúmeras razões, e provavelmente as respostas da área de produção seriam:

- **a.** ineficiência da mão de obra;
- **b.** inexistência de pessoal substituto com a mesma capacidade;
- **c.** acréscimos legais nas remunerações e encargos sociais;
- **d.** utilização de pessoal de outro setor;
- **e.** carência de profissionais no mercado, gerando maior remuneração para poder contratar etc.

Esse é o papel do custo padrão, o de poder ser um instrumento de controle, e de detectar e corrigir as variações.

Resume-se, assim, a utilidade do custo padrão, que, além de detectar as variações e quantificá-las, deve localizar as causas de existência das variações e encaminhamentos para sua erradicação.

6.5 CASO PRÁTICO

A empresa **A. Boncristiani**, antes de iniciar suas atividades, elaborou o seu custo padrão para a produção de determinada peça. Após o primeiro mês de funcionamento da sua empresa, comparou o que tinha orçado como **padrão** com o resultado **real**. Conforme seus apontamentos de fabricação, pede-se calcular as variações de quantidade, de preços e mista, analisando quais variáveis foram desfavoráveis (D). A empresa utilizou dois tipos de matéria-prima.

CUSTO PADRÃO **85**

Dados da fabricação do produto por peça produzida

	Padrão	Real	Variação
Matéria-prima total	R$ 140,00	R$ 158,00	R$ 18,00 D
Mão de obra direta	R$ 55,00	R$ 82,00	R$ 27,00 D

Dados da matéria-prima por peça produzida

Matéria-prima	Padrão	Real	Variação
1	30 kg × R$ 2,00 = R$ 60,00	35 kg × R$ 2,00 = R$ 70,00	R$ 10,00 D
2	40 kg × R$ 2,00 = R$ 80,00	40 kg × R$ 2,20 = R$ 88,00	R$ 8,00 D

O custo padrão de cada peça produzida é R$ 140,00 (60,00 + 80,00), mas a empresa, em média, tem um custo médio de R$ 158,00 (70,00 + 88,00) por peça. Portanto, há a possibilidade de reduzir até R$ 18,00, ou seja, 11,39%.

Dados da variação da mão de obra direta por peça produzida

Tarefas	Padrão	Real	Variação
1	0,5 horas × R$ 20,00 = R$ 10,00	0,5 horas × R$ 20,00 = R$ 10,00	R$ 0,00
2	3 horas × R$ 15,00 = R$ 45,00	4 horas × R$ 18,00 = R$ 72,00	R$ 27,00

O custo padrão previsto da mão de obra é R$ 55,00 (10,00 + 45,00) por peça, porém foram consumidos R$ 82,00 (10,00 + 72,00), o que representa uma variação de R$ 27,00 ou 49,1% a mais que o padrão. Nesse caso, a mão de obra 1 está no limite, mas a 2 tem problemas, e deve-se buscar possibilidades para reduzir até R$ 27,00, ou seja, 37,5% da mão de obra 2.

Variações

Variação da matéria-prima 1	Variação da MOD 1
Variação da quantidade: 5 × R$ 2,00 = R$ 10,00 D Variação do preço: não houve Variação mista: não houve Total da variação: R$ 10,00 D	Variação da quantidade: não houve Variação do preço: não houve Variação mista: não houve Total da variação: não houve
Variação da matéria-prima 2	**Variação da MOD 2**
Variação da quantidade: não houve Variação do preço: 40 × R$ 0,20 =R$ 8,00 D Variação mista: não houve Total da variação: R$ 8,00 D	Variação da quantidade: 1 × R$ 15,00 = R$ 15,00 D Variação do preço: 3 × R$ 3,00= R$ 9,00 D Variação mista: 1 × R$ 3,00 = R$ 3,00 D Total da variação: R$ 27,00 D
Total da variação = 10 + 8 + 0 + 27 = R$ 45,00	

86 CAPÍTULO 6

6.6 CONSIDERAÇÕES SOBRE O CAPÍTULO

O custo padrão é para utilização gerencial, e consiste na prática de a empresa atribuir um custo considerado "ideal", conforme análise de um processo produtivo ou da oferta de um serviço.

O custo padrão, portanto, é uma meta utilizada para acompanhamento e controle, considerando a empresa trabalhar em capacidade total, ou seja, plena eficiência e máximo rendimento.

O objetivo do custo padrão é fixar valores para comparação, sendo considerada uma forma eficaz de planejar e controlar custos.

6.7 EXERCÍCIOS

1. Assinale a afirmação verdadeira em relação ao método de custo padrão:
   a. ( ) Consiste no cálculo de um custo que não é o desejado, mas o que a empresa consegue realizar.
   b. ( ) Não tem finalidade gerencial.
   c. ( ) Consiste no custo "ideal", portanto considerando a capacidade total, ou seja, plena eficiência e máximo rendimento.
   d. ( ) Não auxilia no acompanhamento e controle da empresa.
   e. ( ) É obrigatório ser calculado, segundo a legislação.

2. Leia as afirmações a seguir:
   I –   O custo padrão, se utilizado, deve ser revisto periodicamente.
   II –   O custo padrão consiste em uma meta que deve ser buscada pela empresa.
   III – O custo padrão tem finalidade gerencial de acompanhamento, controle e melhoria de resultados.

   É possível afirmar que:
   a. ( ) Apenas a afirmação I é verdadeira.
   b. ( ) Apenas a afirmação II é verdadeira.
   c. ( ) Apenas a afirmação III é verdadeira.
   d. ( ) Apenas as afirmações I e III são verdadeiras.
   e. ( ) Todas as afirmações são verdadeiras.

3. Leia as afirmações a seguir:
   I –   O custo padrão é um método utilizado apenas para a indústria.
   II –   O custo padrão deve prever o consumo "ideal" de recursos.
   III – O custo padrão deve prever o custo de mão de obra considerando a plena eficiência.

   É possível afirmar que:
   a. ( ) Apenas a afirmação I é verdadeira.
   b. ( ) Apenas a afirmação II é verdadeira.

CUSTO PADRÃO **87**

c. ( ) Apenas as afirmações II e III são verdadeiras.
d. ( ) Apenas as afirmações I e III são verdadeiras.
e. ( ) Todas as afirmações são verdadeiras.

4. Defina custo padrão:

_____

_____

_____

_____

_____

5. Conforme os apontamentos da produção da microempresa **Simone L.B.**, a produção mensal de determinado produto registrou os dados a seguir. Pede-se calcular as variações de quantidade, de preços e mista, indicando as situações desfavoráveis (D). Observa-se que o número de peças foi o previsto.

Dados mensais da empresa, conforme custo padrão
❯ Matéria-prima 1:
  ❯ Consumo = 100 kg.
  ❯ Custo = R$ 10,00/kg.
❯ Matéria-prima 2:
  ❯ Consumo = 2 kg.
  ❯ Custo = R$ 105,00/kg.
❯ Mão de obra 1:
  ❯ Horas = 80.
  ❯ Custo com encargos = R$ 22,00/hora.
❯ Mão de obra 2:
  ❯ Horas = 8.
  ❯ Custo com encargos = R$ 15,00/hora.

Dados mensais da empresa, conforme custo real
❯ Matéria-prima 1:
  ❯ Consumo = 100 kg.
  ❯ Preço = R$ 18,00/kg.
❯ Matéria-prima 2:
  ❯ Consumo = 2,5 kg.
  ❯ Custo = R$ 106,00/kg.

❯ Mão de obra 1:
  ❯ Horas = 150.
  ❯ Custo com encargos = R$ 22,00/hora.

88 CAPÍTULO 6

> Mão de obra 2:
>> Horas = 8.
>> Custo com encargos = R$ 15,00/hora.

Dados da utilização da matéria-prima mensal

Matéria-prima	Padrão	Real	Variação
1			
2			

Dados da variação da mão de obra mensal

Tarefas	Padrão	Real	Variação
1			
2			

Dados da fabricação mensal

	Padrão	Real	Variação
Matéria-prima total			
Mão de obra direta			

Variações

Variação da matéria-prima 1	Variação da MOD 1
Variação da matéria-prima 2	Variação da MOD 2
Total da variação =	

CUSTO PADRÃO · 89

Conforme os dados apresentados pela empresa Simone L.B., responda:

a. Qual o custo padrão mensal? R$ _____

b. Qual o custo real mensal? R$ _____

c. O diretor financeiro afirmou que o motivo do gasto mensal é devido aos salários da empresa estarem muito altos. Isso é verdade? Justifique a resposta.

_____

_____

_____

_____

_____

_____

6. A empresa **Têxtil Kleber Klebão** contém as informações relativas ao mês de janeiro de 20X6. Conforme esses dados, conclua o preenchimento e responda às questões:

	Padrão			Real			Diferença	
	Quantidade	Unitário (R$)	Total (R$)	Quantidade	Unitário (R$)	Total (R$)	R$	%
Matéria-prima A (kg)	500	2,50		550	2,60			
Matéria-prima B (unidades)	900	5,00		1.200	7,00			
Componentes (unidades)	1.800	0,75		1.815	0,76			
MOD com encargos (hora)	450	15,00		492	16,50			
Total								

	Padrão	Real	Diferença	
	R$	R$	R$	%
Aluguel	2.000,00	2.000,00		
Salário do encarregado com encargos	4.500,00	5.000,00		
Despesas administrativas	2.000,00	2.200,00		
Custos adicionais	2.750,00	3.000,00		
Total	11.250,00	12.200,00		

90 CAPÍTULO 6

a. Considerando que estava prevista a produção de 900 unidades, pergunta-se:

	Padrão	Real
a) Qual o custo total do período?		
b) Qual o custo unitário do período?		
c) O custo total foi superavitário ou deficitário? Em quanto?		
d) O custo unitário foi superavitário ou deficitário? Em quanto?		

b. Qual a recomendação que você faria para o profissional responsável pela área de custos da empresa?

_____

_____

_____

7. Questão 19 do Exame de Suficiência CFC 2012.1:

19. Uma indústria apresenta o custo padrão necessário para comprar, cortar e beneficiar uma tora de madeira.

> Custos com materiais R$ 125.000,00.
> Custos de transformação R$ 55.000,00.

Do processo inicial, sairão dois produtos, partindo desses custos conjuntos: chapas de madeira e vigas de madeira. Os valores de venda estimados desses dois produtos são os seguintes:

> Chapas R$ 252.000,00.
> Vigas R$ 378.000,00.

Os custos adicionais para venda das chapas são estimados em R$ 50.000,00 e para venda das vigas em R$ 112.000,00.

Considerando o valor das vendas dos produtos finais como base de rateio e considerando os custos conjuntos das chapas de madeira e das vigas de madeira, as margens líquidas em percentual de cada produto são, respectivamente:

a. 40,00% e 60,00%.

b. 51,59% e 41,80%.

c. 71,43% e 71,43%.

d. 72,22% e 58,52%.

7

FORMAÇÃO DO PREÇO DE VENDA, *MARKUP* E MARGEM DE CONTRIBUIÇÃO – MCU E MCT

O objetivo da formação do preço é obter um valor de venda suficiente para cobrir todos os custos e despesas envolvidos, e poder direcionar o lucro desejado. Deve-se considerar também o retorno do investimento realizado, a competitividade, a missão empresarial, a sobrevivência da entidade, a elasticidade do mercado, bem como a fixação da marca, estágios do ciclo de vida do produto e a competitividade diante de seus principais concorrentes.

É relevante destacar a relação da área de custos com a formação do preço de venda. Neste capítulo são apresentados aspectos que devem ser considerados na formação do preço de venda. Aspectos relacionados à margem de contribuição serão abordados, também, no Capítulo 9.

Competências adquiridas com a leitura do capítulo:

> Identificar e saber elaborar os componentes básicos da formação do preço de venda.
> Conhecer e saber utilizar os conceitos relacionados a *markup* e margem de contribuição.

7.1 FORMAÇÃO DO PREÇO DE VENDA (CUSTEIO POR ABSORÇÃO)

A formação do preço de venda depende de inúmeras questões a serem analisadas: a apuração do custo; se existem produtos substitutos; qual o preço da concorrência para o produto ou similar; se pode ser importado; questões regionais; volume de vendas; quais impostos envolvidos; as estratégias mercadológicas e a disponibilidade para aquisição dos materiais ou execução dos serviços; o ciclo operacional e os custos envolvidos.

Outros aspectos também devem ser considerados na formação do preço de venda, como o prazo para recebimento das vendas e para pagamento das compras, impostos, negociações específicas, concorrência, sazonalidade etc.

7.2 MARKUP

O termo *markup* representa a somatória das despesas gerais e administrativas, despesas comerciais, impostos e a margem de lucro desejada.

A fim de facilitar o entendimento, serão utilizadas a seguintes siglas:

- ❯ C.Un. = custo unitário;
- ❯ PV= preço de venda;
- ❯ DGA = despesas gerais e administrativas;
- ❯ DCO = despesas comerciais (de vendas);
- ❯ MC = margem de contribuição;
- ❯ IMP = impostos sobre as vendas;
- ❯ MLD = margem de lucro desejada.

A seguir apresenta-se o exemplo do **produto Boneco Coelhão**:

❯ C.Un.	= custo unitário de **R$ 11,70**;
❯ PV	= preço de venda;
❯ DGA	= 7% da receita bruta;
❯ DCO	= 3% da receita bruta;
❯ IMP	= 21% da receita bruta;
❯ MLD	= 4% da receita bruta;
❯ MC	= margem de contribuição.

Markup = 7% + 3% + 21% + 4% = 35%

Simplificando, a receita bruta é a quantidade vendida vezes o valor unitário de venda, e normalmente não se considera o IPI. Para esse raciocínio, supor que não existam devoluções de vendas. A despesa comercial se compõe em comissões sobre as vendas (variável) e os impostos que incidem sobre o faturamento.

A realidade brasileira com tributos (impostos, taxas e contribuição de melhoria) é crítica, devido a sua complexidade. Existem várias alíquotas, e, para compreensão, são exemplificadas algumas situações:

- ❯ COFINS (Contribuição para Financiamento da Seguridade Social) = 7,6%;
- ❯ PIS (Programa de Integração Social) = 1,65%;
- ❯ ICMS (Imposto sobre Operações relativas à Circulação de Mercadorias e sobre Prestações de Serviços de Transporte Interestadual e Intermunicipal e de Comunicação) = 18%;

FORMAÇÃO DO PREÇO DE VENDA, *MARKUP* E MARGEM DE CONTRIBUIÇÃO **93**

❯ IPI (Imposto sobre Produtos Industrializados) de diversas alíquotas (geralmente em função da essencialidade);

❯ ISSQN (Imposto sobre Serviços de Qualquer Natureza) de 2% até 5%.

Observação 1: essas alíquotas são exemplos, ou seja, podem variar em cada situação, pois, conforme citado, a legislação tributária é muito complexa. O ICMS, dependendo do caso, pode ser de 7%, 12%, 17% ou 25%. Pode ocorrer a cumulatividade tributária em que o PIS é de 0,65% e a COFINS de 3%.

Observação 2: é necessário destacar o princípio da não cumulatividade tributária, em que se podem aproveitar os créditos dos impostos nas aquisições, compensando com os mesmos impostos incidentes e devidos nas vendas realizadas. Esse princípio é aplicado para COFINS, PIS, ICMS e IPI.

Observação 3: esses impostos são apenas alguns exemplos, pois no Brasil há mais de noventa tributos.

No exemplo a seguir, do **produto Boneco Coelhão**, será considerado o *markup* de 35% acrescido ao custo, que é de R$ 11,70, para obter o preço de venda. Então, considerar sempre 100% menos o somatório do *markup*, que resultará, nesse caso, em 65%, que é a mesma coisa que 0,65. Então, o preço de venda encontrado será de R$ 18,00:

<u>Produto Boneco Coelhão:</u>

Portanto:

❯ PV = C.Un. + 0,35 PV

❯ PV = R$ 11,70 + 0,35 PV

❯ PV (–) 0,35 PV = R$ 11,70

❯ 0,65 PV = R$ 11,70

❯ PV = R$ 11,70 / 0,65

❯ PV = R$ 18,00

Ao abater 31% do preço de venda (PV), que representa R$ 5,58, e, também, abater o custo unitário de R$ 11,70, chega-se à margem de contribuição unitária (MCU) de R$ 0,72, que são os 4% (R$ 18,00 × 4% = R$ 0,72[1]).

PV = R$ 18,00
(–) C.Un. = R$ 11,70
(–) DGA = despesas gerais e administrativas = 7% da receita bruta = 0,07 × 18,00 = R$ 1,26
(–) DCO = despesas comerciais = 3% da receita bruta = 0,03 × 18,00 = R$ 0,54
(–) IMP = impostos sobre as vendas = 21% da receita bruta = 0,21 × 18,00 = R$ 3,78

---

[1] Observação: considerar que normalmente os centavos são arredondados.

Com esses dados é possível calcular a margem de contribuição unitária:

> MCU = margem de contribuição unitária = PV – C.Un. – DGA – DCO – IMP
>
> MCU = 18 – 11,70 – 1,26 – 0,54 – 3,78 = 0,72
>
> Neste exemplo, qual o percentual da margem de contribuição?
>
> % MCU = MCU / PV = 0,72 / 18 = 4%

Outra forma de encontrar o preço de venda (PV) pode ser constituída pela seguinte fórmula:

> PV = C.Un. / (1 – *markup*)

Observe que: C.Un. = custo unitário

> PV = 11,70 / (1 – 0,35)
>
> PV = 11,70 / 0,65 = R$ 18,00

7.3 MCU – MARGEM DE CONTRIBUIÇÃO UNITÁRIA

Esse assunto será abordado também no Capítulo 9 – Análise Gerencial de Custos. Sua breve explicação é necessária neste capítulo, para o entendimento do cálculo de formação do preço de venda.

A margem de contribuição unitária consiste na diferença entre o preço de venda unitário e os gastos variáveis unitários, portanto:

> Margem de contribuição = vendas menos os custos e despesas variáveis.
>
> **MC = V – CDV**

> Margem de contribuição unitária = preço de venda unitário – (custo variável unitário + despesas variáveis unitárias).
>
> **MCU** = PVu – CDVu

No exemplo apresentado anteriormente, do **produto Boneco Coelhão**, a margem de contribuição unitária se constitui pelo preço de venda unitário de R$ 18,00, menos custos e

FORMAÇÃO DO PREÇO DE VENDA, *MARKUP* E MARGEM DE CONTRIBUIÇÃO **95**

despesas variáveis de R$ 17,28, resultando, assim, em R$ 0,72, que representa o percentual pretendido de 4% de MCU (R$ 18,00 × 4% = R$ 0,72). Pode-se então definir que a margem de contribuição unitária é a diferença entre o preço de venda obtido e o custo e despesa variável de cada produto.

O somatório da margem de contribuição unitária é denominado margem de contribuição total, ou seja, os diversos produtos têm suas margens de contribuição unitárias, que, somadas, resultam na margem de contribuição total.

7.4 MCT – MARGEM DE CONTRIBUIÇÃO TOTAL

A margem de contribuição total é o somatório da margem de contribuição unitária (de cada produto ou serviço) multiplicado pela quantidade vendida (de cada produto).

O resultado, normalmente chamado de lucro, se constitui em margem de contribuição total (o somatório da MCU de cada produto) menos os CF – custos fixos e despesas fixas, também chamadas de despesas operacionais fixas.

7.5 *MARKUP* MULTIPLICADOR

O *markup* multiplicador é obtido a partir da divisão do preço de venda encontrado pelo custo unitário. No exemplo do produto Boneco Coelhão, o preço de venda é de R$ 18,00, e o custo unitário é R$ 11,70, o *markup* multiplicador será de 1,538461538 [R$ 18,00 / R$ 11,70].

Para o custo unitário de R$ 11,70, vezes o *markup* multiplicador de 1,538461538, encontra-se o preço de venda de R$ 18,00. É lógico que para isso os percentuais devem ser constantes para despesas gerais e administrativas, despesas comerciais, impostos e margem de contribuição, ou seja, a única alteração ocorrida somente poderia ter sido no custo unitário.

A utilidade desse coeficiente se aplica em virtude de mudança no custo unitário. Por exemplo, se o custo unitário tivesse alteração de R$ 11,70 para R$ 14,04, o novo preço de venda seria de R$ 21,60 (R$ 14,04 × 1,538461538) [100 / 65 = 1,538461538].

Evitaria, assim, a necessidade de refazer todo o cálculo para encontrar o *markup* de 35% do exemplo citado.

7.6 EXEMPLO DE APURAÇÃO DO PREÇO DE VENDA

A seguir apresenta-se um exercício resolvido de formação de preço de venda, com a apuração do ponto de equilíbrio.[2]

---

[2] **Ponto de equilíbrio**: será também abordado, de forma mais detalhada, no Capítulo 9. É considerado neste tópico apenas para melhor entendimento e compreensão do capítulo.

96 CAPÍTULO 7

O custo variável direto unitário será basicamente constituído de: MP (matéria-prima), MOD (mão de obra direta) e GGF (gastos gerais de fabricação).

Para elaborar e vender um produto denominado produto **P0608**, as informações obtidas foram as seguintes:

CUSTO VARIÁVEL DIRETO:

MP	90,00
MOD	48,00
GGF	30,00
total:	**168,00**

IMPOSTOS INCIDENTES SOBRE AS VENDAS:

ICMS	7,00%	s/ preço de venda	
COFINS	7,60%	s/ preço de venda	
PIS	1,65%	s/ preço de venda	total = 16,25%

COMISSÕES SOBRE AS VENDAS:

1,75%	Sobre o preço de venda

MARGEM DE LUCRATIVIDADE ESPERADA:

2,00%	Sobre o preço de venda

A soma dos impostos, comissões e a margem de lucro esperada totaliza 20% (7 + 7,6 + 1,65 + 1,75 + 2). Portanto, *markup* = 20%.

Se, de 100%, 20% representam o *markup*, sobram 80%, ou 0,80. Para achar o preço de venda, divide-se o total do CVD (custo variável direto unitário) de R$ 168,00 por 0,80, obtendo, assim, o preço de venda de **R$ 210,00**.

$$\text{fórmula: } \mathbf{PV} = \frac{\text{Soma CVD Unit.}}{1 - (\text{Soma \%}/100)} = \mathbf{R\$\ 210,00}$$

FORMAÇÃO DO PREÇO DE VENDA, *MARKUP* E MARGEM DE CONTRIBUIÇÃO 97

Para fazer a verificação, é simples: PV de R$ 210,00, menos impostos de 16,25% e comissões sobre as vendas de 1,75%. Sobrará a margem de lucratividade esperada de R$ 4,20, que representa os 2%.

Preço de Venda	210,00	
(–) Impostos	– 34,13	– 16,25%
(–) Comissões sobre vendas	– 3,68	– 1,75%
(–) CVDu Custo Var. Dir. un.	– 168,00	– 80,00%
mcu Margem Contr. Un.	**4,20**	**2,00%**

É interessante observar a utilização do *markup* multiplicador. No caso do **produto P0608**, o CVD é R$ 168,00 e o preço de venda é de R$ 210,00. É só dividir o PV pelo CVD, obtendo o *markup* multiplicador de 1,25.

Imaginar que o total de **CDOF – custos e despesas operacionais fixas** – resulte em R$ 4.620,00. Qual será o **PECq – ponto de equilíbrio contábil em quantidades** – e em valor monetário? **PECq** = CDOF/MCU = R$ 4.620,00 / R$ 4,20 = 1.100 unidades, vezes o PV de R$ 210,00, igual ao ponto de equilíbrio contábil monetário de R$ 231.000,00 (1.100 u. × R$ 210,00). CVD = 1.100 u. × R$ 168,00 = R$ 184.800,00.

Receita	231.000,00	
(–) Impostos	– 37.537,50	– 16,25%
(–) Comissões sobre vendas	– 4.042,50	– 1,75%
(–) CVD Custo Var. Dir.	– 184.800,00	– 80,00%
Margem de Contribuição	**4.620,00**	**2,00%**
(–) CDOF	– 4.620,00	2,00%
= Resultado (P.E.)	–	

Nesse caso, o CVD é relativo a 1.100 unidades, igualmente a margem de contribuição com 1.100 unidades produzidas e vendidas, resultando em R$ 4.620,00, valor necessário para cobrir o total de CDOF – custos e despesas operacionais fixos, cujo resultado é igual a zero, sem lucro e sem prejuízo.

Supor o seguinte: todos os itens se mantiveram iguais e inalterados e somente ocorreu aumento de 10% na MP – matéria-prima. Não é necessário fazer todos os cálculos. Simplesmente apura-se o novo CVD de R$ 177,00 (99,00[3] + 48,00 + 30,00) e multiplica-se pelo *markup* multiplicador de 1,25, obtendo o novo preço de venda em **R$ 221,25**. E a margem de contribuição unitária continua exatamente os 2% sobre o preço de venda.

---

[3] MP = R$ 90,00 (ver início do item 7.6) + 10%.

Preço de Venda	221,25	
(–) Impostos	– 35,95	– 16,25%
(–) Comissões sobre vendas	– 3,87	– 1,75%
(–) CVDu Custo Var. Dir. un.	– 177,00	– 80,00%
Margem de Contribuição Unitária	**4,43**	**2,00%**

Obs.: Levar sempre em consideração o arredondamento de centavos.

7.7 CONSIDERAÇÕES SOBRE O CAPÍTULO

A preocupação com a formação do preço de venda é algo estratégico e fundamental para as empresas. O valor de venda muito alto pode fazer com que a empresa perca oportunidades no mercado e atraia a concorrência de forma desnecessária.

O markup representa a seguinte soma:

> *Markup* = despesas gerais + despesas administrativas + despesas comerciais + impostos sobre as vendas + margem de lucro desejada.

A margem de contribuição unitária consiste em:

> MCU = preço de venda unitário (–) (custo variável unitário + despesas variáveis unitárias).
> Portanto, **MCU = PV (–) CDV**.

A margem de contribuição total consiste em:

> MCT = margem de contribuição unitária (de cada produto) × quantidade vendida (de cada produto).

7.8 EXERCÍCIOS

1. Assinale a afirmação <u>falsa</u> em relação às técnicas de precificação:
   a. ( ) Muitos fatores devem ser analisados para a precificação.
   b. ( ) A margem de contribuição total é o somatório da margem de contribuição unitária de cada produto, multiplicado pela quantidade vendida de cada produto.

FORMAÇÃO DO PREÇO DE VENDA, *MARKUP* E MARGEM DE CONTRIBUIÇÃO **99**

c. ( ) O preço de venda muito alto pode fazer a empresa perder o mercado e incentivar a concorrência.

d. ( ) A margem de contribuição unitária consiste no preço de venda unitário, menos os valores unitários dos custos e das despesas.

e. ( ) A margem de contribuição unitária consiste na diferença entre o preço de venda unitário e o custo fixo total.

2. Leia as afirmações a seguir:

I – A empresa necessita acompanhar e controlar os custos para uma precificação adequada.

II – O *markup* consiste na soma dos impostos ao lucro desejado.

III – A precificação envolve aspectos estratégicos da empresa.

É possível afirmar que:

a. ( ) Apenas a afirmação I é verdadeira.

b. ( ) Apenas a afirmação II é verdadeira.

c. ( ) Apenas a afirmação III é verdadeira.

d. ( ) Apenas as afirmações I e III são verdadeiras.

e. ( ) Todas as afirmações são verdadeiras.

3. A microempresa denominada **Carlos & Andrea** foi consultada sobre a hipótese de prestar serviço de treinamento de 80 horas. Após calcular seus gastos para a realização do treinamento, obteve os seguintes resultados:

➤ Mão de obra direta (salário e encargos) = R$ 25.000,00.

➤ Outros custos e despesas variáveis = R$ 8.495,00.

➤ Impostos sobre as vendas = 3%.

A **Carlos & Andrea** possui os seguintes gastos fixos mensais:

Custos = R$ 5.000,00.

Despesas = R$ 4.000,00

A empresa deseja ter 20% de margem sobre o a faturamento nessa operação.

Perguntas:

a. Qual o valor dos gastos da empresa em relação ao serviço, ou seja, diretos? _____
_____

b. Qual o custo unitário variável (por hora), sem impostos? _____

c. Qual deve ser o preço total do treinamento? _____

d. Qual o preço de venda por hora? _____

e. Qual o valor por hora dos impostos sobre as vendas? _____

f. Qual o valor total dos impostos sobre as vendas? _____

g. Qual a margem por hora? _____

h. Qual a margem total? _____

100 CAPÍTULO 7

4. Questão 23 do Exame de Suficiência CFC 2015.1:

23. Uma indústria apresentou os seguintes dados de produção em determinado período:

❯ Custos fixos totais no período	R$ 1.800.000,00
❯ Depreciação (já inclusa nos Custos Fixos Totais)	R$ 585.000,00
❯ Custos variáveis totais no período	R$ 27.000.000,00
❯ Produção acabada e vendida no período	36.000 unidades

Considerando que o preço de venda unitário é de R$ 1.200,00, é CORRETO afirmar que:

a. o Ponto de Equilíbrio Financeiro é de 36.000 unidades no período.
b. a Margem de Segurança no período é de R$ 16.200.000,00.
c. a Margem de Contribuição Unitária é de R$ 450,00.
d. o Ponto de Equilíbrio Contábil é de 22.500 unidades no período.

5. Questão 18 do Exame de Suficiência CFC 2012.1:

18. Uma indústria apresenta aos seus analistas de custos as seguintes informações do mês de fevereiro de 2012:

Produtos	Quantidade produzida	Quantidade vendida	Custo Variável Total	Preço de Venda Unitário
A	1.200 unids.	1.100 unids.	R$ 20.160,00	R$ 40,00
B	750 unids.	500 unids.	R$ 33.000,00	R$ 70,00
C	5.200 unids.	5.200 unids.	R$ 33.280,00	R$ 13,00

❯ A empresa adota o Custeio por Absorção.
❯ Os Custos Fixos Totais são de R$ 21.610,00 e foram rateados aos produtos com base nos custos variáveis totais.
❯ As Despesas Variáveis representam 5% do preço de vendas.
❯ As Despesas Fixas representam R$ 6.300,00.

A Margem de Contribuição Total dos produtos A, B e C são, respectivamente:

a. R$ 23.320,00; R$ 11.250,00; e R$ 30.940,00.
b. R$ 25.440,00; R$ 16.875,00; e R$ 30.940,00.
c. R$ 25.520,00; R$ 13.000,00; e R$ 34.320,00.
d. R$ 27.840,00; R$ 19.500,00; e R$ 34.320,00.

6. Questão 23 do Exame de Suficiência CFC 2012.2:

23. Uma sociedade empresária apresentou os seguintes dados:

FORMAÇÃO DO PREÇO DE VENDA, *MARKUP* E MARGEM DE CONTRIBUIÇÃO 101

Vendas	R$	375.000,00
Custo Variável	R$	200.000,00
Despesas Variáveis	R$	45.000,00
Custos Fixos Totais	R$	100.000,00

Com base nesses dados, a Margem de Contribuição Total é:

a. R$ 30.000,00.
b. R$ 130.000,00.
c. R$ 175.000,00.
d. R$ 230.000,00.

7. Questão 34 do Enade (Exame Nacional de Desempenho dos Estudantes) – Ciências Contábeis:

Questão 34

Uma empresa vende seu produto ao preço de R$ 7,00 a unidade. Os relatórios financeiros apresentam Custo Variável Unitário de R$ 2,00 e Custo e Despesas Fixas de R$ 150.000,00, sendo a alíquota do Imposto de Renda igual a 30%. Nessa situação, para obter um lucro líquido de R$ 31.500,00, a empresa deverá vender o correspondente a

a. R$ 273.000,00.
b. R$ 210.000,00.
c. R$ 195.000,00.
d. R$ 150.000,00.
e. R$ 78.000,00.

8. Questão 24 do Enade 2015 (Exame Nacional de Desempenho dos Estudantes) – Tecnólogo em Gestão Financeira:

Questão 24

Determinada empresa coletou, para a formação do preço de venda de seu único produto, as seguintes informações:

Custo por unidade produzida	R$ 120,00
Tributos incidentes sobre as vendas (ICMS, PIS, COFINS, IPI)	29,65%
Despesas com vendas	3,00%
Despesas administrativas	2,35%
Margem de lucro desejado	25,00%

102 CAPÍTULO 7

A partir das informações apresentadas, conclui-se que o preço de venda à vista a ser praticado pela empresa deve ser de

a. R$ 200,00.
b. R$ 300,00.
c. R$ 320,00.
d. R$ 340,00.
e. R$ 360,00.

8

CUSTOS E PRECIFICAÇÃO PARA EMPRESAS DE SERVIÇOS

É difícil encontrar material que aborde custos voltados a serviços, pois a origem da contabilidade de custos é a indústria, além de serem produtos tangíveis, portanto mais fáceis de mensurar. As empresas de serviços são muito relevantes para a sociedade, principalmente na atualidade. Observa-se que toda empresa tem serviços prestados agregados, ainda que seja uma indústria ou comércio. Este capítulo aborda também como uma micro ou pequena empresa de serviços precifica conforme a análise dos seus custos.

Competências adquiridas com a leitura do capítulo:

> Identificar e saber elaborar os componentes básicos da formação do preço de venda para micro e pequenas empresas de serviços enquadradas no Simples Nacional.
> Identificar os custos e elementos que impactam na formação do preço de vendas.

Muitos empreendedores iniciantes, com o objetivo de conquistar clientes, tendem a precificar de forma errônea. Alguns, por sua vez, quantificam mal seus custos ou despesas e ofertam serviços, principalmente para empresas, e depois têm dificuldades para a entrega dos seus serviços e produtos por falta de caixa. Outros desejam cobrar o que o mercado suportar e perdem mercado, incentivando a concorrência. Por esses motivos, conhecer os custos e despesas e os limites financeiros, precificando de forma adequada e em conformidade ao perfil da instituição, é fundamental para o sucesso do negócio.

8.1 IMPACTO DA PRECIFICAÇÃO INADEQUADA

Precificar abaixo do mercado ou dos custos pode, entre outros fatores:

> causar descrédito pelos clientes, principalmente pessoas jurídicas, gerando, inclusive, dificuldades para concretizar as vendas;
> dificultar novos investimentos e a expansão da empresa;

104 CAPÍTULO 8

> limitar o fluxo de caixa da empresa;
> causar prejuízos.

Precificar acima do mercado ou o máximo que o mercado suportar, entre outros fatores, pode:

> incentivar concorrentes;
> perder clientes;
> incentivar os clientes a buscar outros fornecedores ou se sentirem enganados;
> não incentivar os clientes a realizar novas aquisições ou somente efetuar pedidos menores.

Uma estratégia de precificação errada pode ocasionar até a falência da empresa ou limitar o seu crescimento e desenvolvimento.

8.2 VARIÁVEIS QUE DEVEM SER CONSIDERADAS NA PRECIFICAÇÃO

Para precificar, devem ser considerados diversos aspectos, como:

1. **<u>Variáveis externas</u>:**
   a. variações do mercado e da concorrência;
   b. oferta e qualidade dos concorrentes;
   c. tecnologia da concorrência;
   d. inflação e aspectos econômicos;
   e. facilidade de acesso ao cliente;
   f. número de concorrentes e capacidade de negociação de preço ou de copiar e melhorar os produtos e serviços ofertados;
   g. capacidade de os concorrentes mudarem a forma de atuar e de copiar seus produtos e serviços;
   h. barreiras de entrada de novos concorrentes, como necessidade de autorização legal, formação específica, patente e outras;
   i. preço de aquisição de produtos e serviços fundamentais;
   j. preço ou dificuldades de aquisição de mão de obra, sejam os funcionários contratados, terceirizados, autônomos ou parcerias;
   k. formas de tributação.

2. **<u>Variáveis internas</u>:**
   a. atendimento adequado;
   b. tecnologia para produção e distribuição do produto ou serviço (conhecimento de forma geral);
   c. controle de custos e despesas;

CUSTOS E PRECIFICAÇÃO PARA EMPRESAS DE SERVIÇOS **105**

d. capacidade de possuir menores custos e despesas;
e. qualidade;
f. rede e fidelidade de clientes;
g. reconhecimento da qualidade pelo cliente;
h. público-alvo que deseja atingir, pois a precificação é uma forma de segmentação;
i. sistema de controle contábil e planejamento tributário;
j. infraestrutura;
k. tecnologia e sistema de informação.

Para as empresas prestadoras de serviços, há diversos aspectos que agregam valor para os clientes e que devem ser observados, como:

1. pontualidade;
2. boa apresentação pessoal;
3. portfólio: consistente e de fácil visualização, que informe clientes a que atende ou já atendeu;
4. no caso de ofertar para pessoas jurídicas, é importante conhecer a empresa e ofertar de forma personalizada;
5. segurança sobre o serviço prestado;
6. clareza na apresentação da proposta;
7. retorno imediato de qualquer chamado ou dúvida.

Uma empresa, para contratar um serviço que não é esporádico, como uma consultoria mensal, um serviço de suporte e manutenção de redes ou prestação de serviços contábeis, geralmente é muito influenciada pela forma de apresentação, segurança e indicações.

Os julgamentos, para estabelecer relações duradouras, são baseados em critérios e na confiabilidade. Como muitas vezes é difícil definir e quantificar tais critérios, esses valores têm muita influência.

8.3 ASPECTOS RELEVANTES PARA PRECIFICAÇÃO

As empresas prestadoras de serviços, igualmente às demais, têm custos e despesas. No caso das micro e pequenas empresas de serviços, a dificuldade em separar custos e despesas é maior. Para compreensão, é importante resgatar o conceito já mencionado de custos e despesas:

> **custos:** são representados pelo investimento em estoques e por todos os itens relacionados diretamente à elaboração de produtos (para empresas industriais), processo de aquisição, movimentação e estocagem de mercadorias (para empresas comerciais) e os relacionados diretamente à prestação de serviços.
> **despesas:** as despesas são gastos realizados para obter receitas. As despesas podem ser: operacionais, administrativas e comerciais e também existem as despesas financeiras.

O ideal é que as empresas, principalmente de serviços, implantem o sistema de custeio baseado em atividades (ABC), conforme citado no Capítulo 5. O custeio ABC permite às empresas segregar de maneira adequada os custos e serviços, assim como alocar os serviços prestados de forma que auxilie a tomada de decisão. Os principais problemas do sistema de custeio baseado em atividades são os custos para desenvolvimento, implantação, utilização e acompanhamento, além da necessidade de conhecimento técnico. Portanto, as empresas, para implantá-lo, devem analisar a relação custo-benefício.

8.4 PROPOSTA SIMPLIFICADA DE PRECIFICAÇÃO PARA MICRO E PEQUENAS EMPRESAS PRESTADORAS DE SERVIÇOS ENQUADRADAS NO SIMPLES NACIONAL

Considerando esses aspectos, de maneira simples, será apresentada uma forma de precificação que pode ser utilizada para as micro e pequenas empresas prestadoras de serviços enquadradas no Simples Nacional.

8.4.1 EXEMPLO 1

O caso que será apresentado consiste em uma empresa individual de responsabilidade limitada (**Eireli**). A Eireli, como definido no nome, é constituída por uma única pessoa titular da totalidade do capital social, devidamente integralizado, que não poderá ser inferior a 100 (cem) vezes o maior salário-mínimo vigente no País. O profissional titular tem o nome fictício de Sr. Pereira. Vamos considerar que ele não tem funcionários.

a. Cálculo do custo das horas do empresário

O empresário citado pretende uma remuneração de R$ 10.000,00 por mês, trabalhando 8 horas por dia, sendo que 6 horas por dia, proporcionalmente, se dedicará à realização das suas atividades de consultoria e 1 hora se dedicará à captação de clientes e às atividades burocráticas, a outra hora consiste na possível ociosidade devido à falta de clientes. Qual o custo da hora, considerando 22 dias úteis mensais?

Total de horas mensais = 6 × 22 = 132 horas mensais.

Custo das horas do empresário = R$ 10.000,00 / 132 = R$ 75,76/hora.

b. Custos e despesas mensais

A cobrança da mão de obra deve ser acrescida aos custos e às despesas mensais da empresa, como:

CUSTOS E PRECIFICAÇÃO PARA EMPRESAS DE SERVIÇOS **107**

> aluguel;
> materiais utilizados;
> infraestrutura (energia elétrica, água, café e outros);
> limpeza da sala;
> recursos tecnológicos (manutenção do *site* e da rede, novos *softwares* e outros);
> propaganda.

Considerando que os custos e despesas totalizam R$ 4.500,00 mensais.

Custos e despesas por hora = R$ 4.500,00 / 132 = R$ 34,09/hora.

Observa-se que devem ser consideradas 132 horas, ainda que o escritório funcione com uma carga horária maior, pois está sendo calculado o custo de cada hora de serviço prestado.

c. Despesas esporádicas, investimentos e perdas

Embora algumas despesas não ocorram frequentemente, como a manutenção de computadores ou a renovação de um seguro, a empresa deve contemplá-las no seu orçamento, pois caso não tenha previsão de caixa, terá problemas para pagá-las. O mesmo ocorre com os investimentos e as possíveis perdas.

Supondo que a empresa tenha uma previsão anual de R$ 30.000,00/ano, destinada para despesas esporádicas, investimentos e perdas, o custo por hora é o seguinte:

Média mensal de despesas esporádicas, investimentos e perdas = R$ 30.000,00 / 12 = R$ 2.500,00.

Média por hora das despesas esporádicas, os investimentos e as perdas = 2.500 / 132 = R$ 18,94.

Também devem ser consideradas 132 horas/mês.

d. Cálculo dos custos, despesas, investimentos e perdas por hora

O próximo passo é calcular os custos, despesas, investimentos e perdas alocados a cada hora trabalhada. Portanto:

Custo das horas do empresário + Custos e despesas por hora + Média por hora das despesas esporádicas, investimentos e perdas =

= R$ 75,76 + R$ 34,09 + R$ 18,94 = R$ 128,79/hora.

e. Tributação

Atividade de consultoria, no caso de a empresa se enquadrar no Simples Nacional, e faturar entre R$ 180.000,00 e R$ 360.000,00 ao ano, irá pagar uma alíquota de 17,72% sobre o faturamento.

108 CAPÍTULO 8

Por se tratar de consultoria, deve utilizar a tabela que está no Anexo VI da Lei Complementar nº 123, de 14 de dezembro de 2006.

Para conhecer mais sobre o Simples Nacional, acesse o *site* da Receita Federal: <http://www.receita.fazenda.gov.br/Legislacao/LegisAssunto/simplesNacional.htm>.

Preço mínimo = Custos / (1 – Tributação) =

= R$ 128,79 / (1 – 0,1772) = R$ 156,53/hora, ou seja, R$ 156,53 (–) 17,72% = R$ 128,79.

f. Margem de negociação
É importante ter uma margem de negociação, mas não pode ser muito alta, pode inviabilizar os negócios ou não transmitir confiabilidade ao cliente. Portanto, nesse caso, o Sr. Pereira optou por 8%.

Preço final = Preço mínimo / (1 – Margem de negociação)

Preço final = 156,53 / (1 – 0,08) = R$ 170,13, sendo sugerido arredondar para R$ 170,00/hora.

Observar que o preço é de R$ 170,00/hora, mas pode ser negociado até por R$ 156,53/hora.

Resumindo, se for utilizado o custo total sem impostos de R$ 17.000,00 e utilizar uma margem de 8%, o preço de venda sem impostos será de R$ 18.478,26. Desse valor de R$ 18.478,26, deduzindo até a margem de 8%, chega-se ao valor de R$ 17.000,00.

Sobre o valor de R$ 18.478,26, considerando impostos de 17,72%, o preço com impostos passa a ser de R$ 22.457,78 / 132 horas = ~ 170,13.

8.4.2 EXEMPLO 2

Após alguns meses o Sr. Pereira necessita expandir suas atividades devido à demanda de um cliente. Ele irá contratar um profissional para auxiliá-lo. O cliente solicitou um trabalho que exige 30 horas mensais, sendo que 25 horas serão executadas pelo profissional por R$ 50,00 e 5 horas serão realizadas por ele. Observe que nesse caso não será cobrado por hora de trabalho, mas por valor mensal.

a. Cálculo do custo das horas do empresário
Custo das horas do empresário = R$ 75,76/hora.

b. Custos e despesas mensais
Os custos fixos serão diluídos, mas os variáveis serão aumentados na proporção do faturamento.

Haverá a inclusão dos seguintes custos variáveis devido à contratação do profissional:

Salário = R$ 50,00/mês

CUSTOS E PRECIFICAÇÃO PARA EMPRESAS DE SERVIÇOS **109**

Tributos, encargos e outras despesas = R$ 35,00/mês

Custos e despesas adicionais por hora = R$ 85,00/hora

c. Despesas esporádicas, investimentos e perdas
Essas despesas esporádicas, investimentos e perdas já foram rateados, conforme cálculos anteriores.

d. Cálculo dos custos

5 horas relativas ao Sr. Pereira = 5 × R$ 75,76 = R$ 378,80/mês

25 horas relativas ao profissional = 25 × R$ 85,00 = R$ 2.125,00/mês

Custo das horas do empresário + Custos do novo profissional = R$ 2.503,80/mês

e. Tributação

Preço mínimo = Custo total das horas / (1 – Tributação) =

= R$ 2.503,80 / (1 – 0,1772) = R$ 3.043,02/mês

Observação: caso o volume de consultorias aumente, elevando o faturamento, a alíquota pode aumentar também. Por exemplo, no caso de faturar entre R$ 360.000,00 e R$ 540.000,00 por ano, a alíquota deverá ser 17,55%, no caso do Simples Nacional, conforme o Anexo 5.

f. Lucratividade
Observação: no exemplo 1, a lucratividade do empreendedor estava inclusa no pagamento da sua hora. No exemplo 2 ele irá atuar apenas 5 horas mensais, porém o projeto exige 30 horas, logo 25 horas correspondem às atividades do profissional contratado. Esse fato expõe o empreendedor aos riscos do negócio, logo, decidiu que irá cobrar 20% como lucratividade da operação.
Portanto:

Preço com lucratividade = Custos / (1 – lucratividades) = 3.043,02 / (1 – 0,2) = R$ 3.803,78/mês

O profissional assume um projeto de 30 horas, mas as suas horas de trabalho correspondem a apenas 5 horas, portanto, a sua lucratividade é muito baixa para assumir um projeto, logo, é necessário precificar o risco de assumir o negócio.

g. Margem de negociação

Preço final = 1 / (1 – Margem de negociação)

Preço final = 1 / (1 – 0,08) = R$ 3.803,78 / (1 – 0,08) = R$ 4.134,54, sendo sugerido arredondar para R$ 4.135,00/mês.

110 CAPÍTULO 8

Novamente, há a possibilidade de negociar 8%, portanto pode ser cobrado até por R$ 3.803,78/mês.

8.4.3 OBSERVAÇÕES ADICIONAIS

I – Há outras formas de precificar, devendo a empresa se adaptar às suas necessidades, estratégias, públicos e práticas de mercado.

II – As empresas de consultoria, para analisar a empresa e fornecer um diagnóstico, muitas vezes não cobram, com o intuito de conquistar o cliente. Essa prática pode ser interessante, dependendo da complexidade desse diagnóstico.

III – Há outras formas de cobrança que são utilizadas pelo mercado e que merecem ser citadas: a) estipular um valor mínimo para aceitar o contrato, evitando valores muito pequenos; b) conforme a quantidade de horas contratadas, reduzir o preço por hora, incentivando aquisições de maior carga horária; c) descontos por fidelização (clientes antigos).

IV – É importante que os gestores tenham contato com o mercado e com os clientes, além de serem sensíveis e atualizados, para adotarem políticas de precificação coerentes e que contribuam para o crescimento e o desenvolvimento das empresas.

V – Uma forma interessante de elaborar uma proposta comercial de prestação de serviços para empresas é relacionar os custos com valores, a fim de os clientes analisarem detalhadamente. No caso de a consultoria detalhar as horas e atividades que serão realizadas, poderá a empresa contratante, antes de aceitar a proposta, selecionar quais serviços contratará e quais deseja adicionar.

8.5 CONSIDERAÇÕES SOBRE O CAPÍTULO

Conforme destacado no capítulo, são muito importantes o controle dos custos e a precificação.

O capítulo apresenta uma proposta de precificação baseada na expectativa do gestor e nos custos empresariais. Observa-se, porém, que há outros fatores que devem ser considerados, como variáveis econômicas e políticas, avanço tecnológico, postura da concorrência, perfil do produto, público-alvo, níveis de informação das empresas, infraestrutura e outros.

É fundamental, para precificar, conhecer a empresa, o seu processo organizacional, os paradigmas do negócio, o seu produto, público-alvo, diferenciais e outras variáveis.

8.6 EXERCÍCIOS

1. Assinale a afirmação verdadeira em relação ao custeio baseado em atividades (ABC):
   a. ( ) É inviável e inadequado para qualquer empresa.
   b. ( ) Consiste em um sistema adequado para qualquer empresa e obrigatório.

CUSTOS E PRECIFICAÇÃO PARA EMPRESAS DE SERVIÇOS 111

c. ( ) Não se aplica para as microempresas.

d. ( ) É inadequado para empresas do setor de serviços.

e. ( ) Tende a ter custo mais alto, mas possibilita uma melhor visão gerencial, que auxilia na tomada de decisão, devendo a empresa analisar a sua viabilidade de implantação.

2. Leia as afirmações a seguir:

I – Custos não existem para empresas do setor de serviços.

II – Custos e despesas são claramente separados em empresas do setor de serviços.

III – Custos são representados pelo investimento em estoques e por todos os itens relacionados diretamente à elaboração e aquisição de produtos ou à prestação de serviços.

É possível afirmar que:

a. ( ) Apenas a afirmação I é verdadeira.

b. ( ) Apenas a afirmação II é verdadeira.

c. ( ) Apenas a afirmação III é verdadeira.

d. ( ) Apenas as afirmações I e III são verdadeiras.

e. ( ) Todas as afirmações são verdadeiras.

3. Leia as afirmações a seguir:

I – Despesas são gastos realizados para obter receitas.

II – Despesas podem ser operacionais, administrativas, comerciais e também financeiras.

III – O processo de aquisição, movimentação e estocagem de mercadorias é considerado como despesas para as empresas comerciais.

É possível afirmar que:

a. ( ) Apenas a afirmação I é verdadeira.

b. ( ) Apenas a afirmação II é verdadeira.

c. ( ) Apenas a afirmação III é verdadeira.

d. ( ) Apenas as afirmações I e II são verdadeiras.

e. ( ) Todas as afirmações são verdadeiras.

4. Determinada empresa fictícia, denominada **Marco Antonio**, foi aberta neste ano e atua em consultoria. Como é nova, decidiu que a sua prioridade é conquistar o mercado, portanto está fechando contratos de médio prazo, com preços abaixo do mercado. A empresa afirma que essa estratégia está sendo utilizada pelo fato de que possui reserva de dinheiro para se manter por um ano; logo, quer fidelizar os clientes, ainda que com prejuízo. Posteriormente, pretende aumentar. Quais os riscos dessa estratégia?

5. Outra empresa fictícia, denominada **Lui**, concorrente da empresa citada no exercício anterior, por ser antiga no mercado, cobra os preços mais altos possíveis. Ela afirma ser tradicional no mercado e que a confiabilidade é muito importante, portanto, caso seus clientes queiram, deverão pagar por esse diferencial. Afirma ainda que se acharem caro, podem buscar novas alternativas. Quais os riscos dessa estratégia?

6. A **empresa Nei Tonon-ME** deseja precificar a hora de serviço prestado. Considerando que, sem os tributos, pretende cobrar R$ 95,00 por hora e que, pelo Simples Nacional, sua tributação corresponde à alíquota de 18,55%, conforme Anexo V-A. Pergunta-se:
   a. Qual deve ser o preço mínimo de cobrança? R$ _____
   b. No caso de a empresa desejar cobrar 10% a mais como margem de negociação, qual deve ser o preço final? R$ _____

9

ANÁLISE GERENCIAL DE CUSTOS

A análise gerencial de custos é fundamental para a tomada de decisão. Neste capítulo são apresentadas as ferramentas utilizadas para a gestão estratégica de custos. Apresentam-se o ponto de equilíbrio contábil, econômico, financeiro e a margem de segurança.

Competências adquiridas com a leitura do capítulo:

> Conhecer e saber utilizar as principais ferramentas para a gestão gerencial de custos.
> Saber realizar a análise de custos, volume e lucro.
> Conhecer e saber analisar os níveis de produção para a melhor gestão.

A gestão de custos consiste em selecionar as melhores opções de ação e estratégia diante dos recursos disponíveis, objetivando a maximização dos resultados.

9.1 CUSTOS CONTRIBUINDO PARA AS DECISÕES ORGANIZACIONAIS

Pode-se pensar em produzir ou simplesmente comprar o produto pronto ou semiacabado, bem como ter uma equipe própria de prestadores de serviços ou de terceirizados.

Beulke e Bertó (2012, p. 7) afirmam que:

> A formação do resultado, em uma empresa, depende e é explicada por um conjunto varia-do de fatores, entre os quais se destaca, como uma força interna controlável, de apreciável valor e efeito, o gerenciamento de custos, sobre os quais os responsáveis pelas áreas atuam em sua própria estrutura, no sentido de sua racionalização, com grandes chances de êxito.

Lins e Silva (2005, p. 3), por sua vez, afirmam que:

> O processo de gestão de custos, por sua vez, requer o entendimento dos conceitos fun-damentais e das terminologias de custos. É necessário conhecer algumas definições para compreender minimamente os procedimentos de custeio e avaliação de resultados. Ao fornecer essas definições, não se tenciona exaurir a apresentação de diferentes nomencla-turas, mas apresentar um conjunto de nomenclaturas que possibilite ter uma ideia como os custos são formulados.

113

Um contexto deve ser considerado: a concorrência existe; o custo do dinheiro é alto, tanto para comprar mercadorias, materiais e produtos, como para financiar os clientes; a complexidade tributária e a elevada carga dos impostos refletem diretamente nas compras e vendas; a margem de contribuição deve ser suficiente para suprir os custos e as despesas fixas e variáveis e podem resultar em lucro da atividade.

A gestão eficaz de custos pode estar no adequado controle, análise e acompanhamento de seus controles internos, possibilitando, assim, atitudes e procedimentos tempestivos.

Custos estão ligados ao cotidiano das pessoas e das empresas e demais entidades. Muitas vezes não se dá a devida atenção a pequenas despesas e a pequenos gastos, que, somados, poderão se constituir em materialidade significativa. Pode-se afirmar que as entidades cometem equívocos os quais podem gerar custos desnecessários. Entre os diversos acontecimentos, pode-se sugerir o direcionamento da atenção, entre outros, aos controles sobre:

> **Despesas financeiras**: podem ocorrer equívocos por parte das instituições financeiras. Analisar e entender todo o débito pode representar economia, por exemplo:
  1. analisar sempre o que foi acordado. Poderão existir casos em que a comissão ou tarifa de abertura de crédito – CAC ou TAC – acordada seja de 0,5% e após, ao receber o contrato, constatar no extrato que foi debitado 2% ou 2,5%;
  2. um financiamento com taxa pós, por exemplo, baseado na variação do IGPM ou de outro indexador, pode ter equívocos com a cobrança do efetivo percentual de tal mês;
  3. cobranças de taxas e serviços de importação e/ou exportação não relacionadas à entidade ou em desacordo;
  4. tarifa de cobrança de títulos. Verificar a quantidade de títulos enviados para cobrança e o valor acordado. Erros de sistema podem redundar em cobrança duplicada e/ou valor diferenciado do negociado;
  5. no caso de variação cambial, efetuar os cálculos e consultar a cotação;
  6. débitos constantes nos extratos bancários referentes às diversas tarifas e que provavelmente podem ser negociados.

> **Tarifas de concessionárias e prestadores de serviços**: podem também ocorrer equívocos, sendo importante analisar os controles de consumo das concessionárias de serviços de eletricidade, água e esgoto, gás etc. As assinaturas e cobranças das empresas de comunicação, internet, telefonia e TV a cabo devem ser analisadas constantemente, evitando, assim, cobranças indevidas.

> **Fornecedores de materiais**: vamos supor um exemplo. A entidade possui um tanque de gás medicinal ou gás combustível com capacidade "X". Pode ocorrer cobrança acima da capacidade instalada, chegando a ocorrer até o absurdo de cobrança acima da capacidade do tanque. Pode ocorrer, também, somente a entrada da nota fiscal para ser paga ou uma quantidade inferior à informada nela. Podem ocorrer, ainda, outras fraudes, como um caminhão de entrega que é pesado ao entrar e sair da empresa, porém, na saída, dispõe de tanques extras que passam por tanques de combustível,

ANÁLISE GERENCIAL DE CUSTOS **115**

mas, na verdade, são cheios de água. Antes da pesagem na saída, são esvaziados, com a conivência de alguns empregados, gerando fraude no peso.

> **Falsa fiscalização**: muitos não checam a veracidade dos agentes, e por achar que não efetuaram todas as formalidades, acabam desembolsando indevidamente recursos, bem superiores à formalização.

> **Seguros e previdência**: os diversos seguros a serem contratados devem sempre estar adequados perfeitamente às necessidades da entidade. A falta de gerenciamento dos riscos pela entidade pode representar custo desnecessário, e um seguro contratado de forma inadequada, ou a falta dele pode pôr em risco a continuidade do negócio.

Os seguros devem ser verificados em relação a aspectos como:

> Todos os ativos da empresa estão cobertos de forma adequada?
> Os valores pagos para contratar os seguros não estão acima dos preços de mercado?
> As coberturas e os valores são adequados?
> Os contratos formalizam os aspectos considerados essenciais pela empresa, tais como cobertura em caso de roubo ou enchente e desastres da natureza?
> Data de renovação e período de cobertura.
> Confiabilidade dos comprovantes de pagamento.

A previdência, por sua vez, pode ser utilizada como benefício da entidade a seus diversos colaboradores dentro do programa de valorização pela área de gestão de pessoas.

Para ambos os casos, o profissional capacitado legalmente habilitado para auxiliá-lo é o corretor de seguros, orientando quanto ao entendimento perfeito das cláusulas do contrato, das prováveis franquias, do melhor custo e da seguradora que melhor pode contribuir no momento.

A gestão de custos começa com a análise de prováveis desperdícios, avaliação dos controles internos relacionados a compras, consumo, preços, produção, execução, quantidades e perdas, e na relação de processos organizacionais adequados.

Muitas vezes os investimentos são necessários para uma melhor adequação de todo o processo. Há um exemplo real, em que uma empresa, ao projetar e instalar uma esteira rolante, evitou que seus mais de duzentos empregados ficassem andando de um lado para o outro na fábrica. A consequência foi excelente, aumentando, na época, a produção mensal de 100.000 panelas para 170.000 panelas, com a mesma quantidade de mão de obra.

9.2 ANÁLISE CVL: ANÁLISE CUSTO/ VOLUME/LUCRO

A contabilidade de custos proporciona ferramentas gerenciais para a tomada de decisão, cuja análise dos processos diários das organizações sob a óptica da gestão de custos se torna indispensável para sua viabilidade diante de um mercado com grandes concorrências.

Na Figura 9.1 vemos a análise CVL de acordo com Wernke (2006).

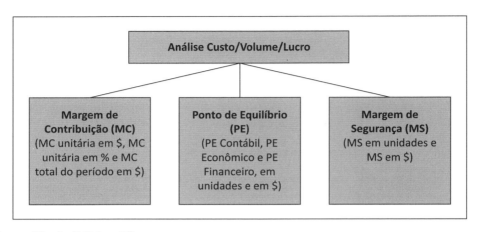

Fonte: Wernke (2006, p. 98).

FIGURA 9.1 PRINCIPAIS COMPONENTES DA ANÁLISE CUSTO/VOLUME/LUCRO

As decisões dos gestores necessitam de informações e de entendimento dos conceitos que envolvem a margem de contribuição, o ponto de equilíbrio e a margem de segurança.

De acordo com Wernke (2006, p. 98), segue abordagem sobre a análise CVL:

> A análise CVL é um modelo que possibilita prever o impacto, no lucro do período ou no resultado projetado, de alterações ocorridas (ou previstas) no volume vendido (quanto ao número de unidades), nos preços de venda vigentes (como descontos ou majorações) e nos valores de custos e despesas (quer sejam fixos, quer variáveis).

Wernke (2006, p. 98) segue abordagem sobre a análise CVL, afirmando que essa análise responde a questões relacionadas ao que acontecerá com o lucro da empresa em situações de:

- aumento ou diminuição do preço de compra dos insumos;
- diminuição ou aumento nas despesas variáveis de venda;
- redução ou aumento de custos e despesas fixos;
- diminuição ou aumento do volume de vendas, por expansão ou retração de mercados ou segmentos;
- redução ou majoração dos preços de venda, por opção voluntária da empresa ou forçada pela concorrência.

O autor destaca ainda:

> Adicionalmente, a análise CVL permite averiguar, para atingir um determinado montante de lucro desejado pelos investidores, quais valores devem ser praticados quanto aos preços

de venda, qual o custo de fabricação máximo dos produtos e quantas unidades devem ser vendidas (WERNKE, 2006, p. 98).

De acordo com Martins (2010, p. 270), segue um resumo da relação custo/volume/lucro (CVL):

> Nenhum custo ou despesa é perfeitamente fixo, e muitas vezes também não existe custo ou despesa perfeitamente variáveis. As representações gráficas de ambos têm validade apenas dentro de certa oscilação no volume da atividade. Por isso, o ponto de equilíbrio também tem validade restrita.

9.2.1 MARGEM DE CONTRIBUIÇÃO (MC)

MC unitária em **R$**, **MC** unitária em **%** e **MC** total do período em **R$**

A margem de contribuição unitária, conforme apresentado no Capítulo 7, é a diferença entre o preço de venda e o custo e despesa variável de cada produto. É o que, efetivamente, de forma unitária, sobra da diferença entre o valor de venda (receita) e o seu respectivo custo e despesa variável direto unitário (matéria-prima, tributos sobre as vendas e comissões sobre as vendas).

A margem de contribuição unitária contribui para amortizar os custos fixos. Quando atinge o total dos custos fixos, é chamado de ponto de equilíbrio. Depois disso, cada unidade produzida, vendida e recebida irá contribuir com o lucro antes do Imposto de Renda e da Contribuição Social Sobre o Lucro.

Após o ponto de equilíbrio, alguns autores consideram e denominam essa margem de contribuição como margem de lucratividade, em virtude de ela ser efetivamente a contribuição para o lucro, uma vez que o ponto de equilíbrio foi atingido.

9.2.2 PONTO DE EQUILÍBRIO (PE)

Martins (2010, p. 270) considera, ainda, que existem pelo menos três pontos de equilíbrio, que são: contábil, financeiro e econômico, apresentados a seguir:

> Existem, pelo menos, três pontos de equilíbrio: contábil, quando receitas menos custos e despesas totais dão resultado nulo; econômico, quando dão como resultado o custo de oportunidade do capital próprio empregado; e financeiro, quando o valor das disponibilidades permanece inalterado, independentemente de haver resultado contábil ou econômico.
>
> A cada 1% de alteração nos custos e despesas fixos ocorrem os mesmos 1% de mudança no ponto de equilíbrio; mas se for a mudança sobre os custos e despesas variáveis, o efeito dependerá do grau de alteração na margem de contribuição unitária.

O ponto de equilíbrio deve ser entendido, a princípio, como três opções para reflexões sobre os resultados da entidade, em valores (R$) e em unidades:

1. PEC – ponto de equilíbrio contábil;
2. PEE – ponto de equilíbrio econômico;
3. PEF – ponto de equilíbrio financeiro.

9.2.2.1 PONTO DE EQUILÍBRIO CONTÁBIL

$$PEC = \frac{\text{Custos e Despesas Fixos}}{\text{Margem de Contribuição Unitária}}$$

O ponto de equilíbrio contábil consiste no momento em que as receitas totais se equilibram com os custos e despesas totais. Portanto, consiste em quando a soma das margens de contribuição é suficiente para cobrir todos os custos e despesas fixos, não havendo, assim, contabilmente, nem lucro nem prejuízo.

Consiste no equilíbrio entre os custos e despesas, diante das receitas totais. A constituição de novos pontos de equilíbrio é influenciada pelo preço de venda e volume de vendas, bem como a estrutura de custos fixos e despesas totais.

Ao visualizar a Figura 9.2 percebe-se o ponto de equilíbrio a partir de um volume de receitas totais, suficiente para suprir os custos e despesas totais (fixos + variáveis). Um volume de vendas acima desse equilíbrio trará lucro, e, consequentemente, um volume de vendas abaixo desse equilíbrio trará prejuízo.

Resumindo, o ponto de equilíbrio identifica quantas unidades devem ser vendidas para que se obtenha o equilíbrio com os custos e despesas totais.

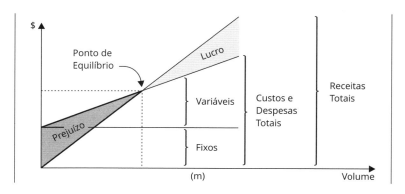

Fonte: Martins (2010, p. 258).

FIGURA 9.2 PONTO DE EQUILÍBRIO CONTÁBIL

Exemplo: supondo que a **empresa Jasão**, em um determinado mês, tenha o preço de venda de seu produto em R$ 500,00, que os custos e despesas variáveis totalizem R$ 300,00 e que os custos e despesas fixos do mês totalizem R$ 2.000.000,00.

O cálculo do ponto de equilíbrio contábil pode ser obtido dividindo a soma dos custos e despesas fixos pela margem de contribuição unitária.

PECq = (Custos fixos) / (Preço de venda unitário – Custos e despesas variáveis)

PECq = (Custos fixos) / Margem de contribuição unitária

A margem de contribuição unitária é o preço de venda unitário menos os respectivos custos e despesas variáveis, resultando, nesse exemplo, em R$ 200,00 (R$ 500,00 – R$ 300,00).

Preço de venda unitário	= R$ 500,00
(–) Custos unitários e desp. variáveis unitárias	= R$ 300,00
= Margem de contribuição unitária	= R$ 200,00

O ponto de equilíbrio contábil consiste na quantidade vendida que possibilita a receita total ser igual ao total de custos e despesas. Para isso é necessário encontrar a quantidade de unidades para a obtenção dessa receita.

PECq

Exemplo da empresa Jasão:

Quantidade × R$ 500,00 = Quantidade × R$ 300,00 + R$ 2.000.000,00.

Quantidade × (R$ 500,00 – R$ 300,00) = R$ 2.000.000,00.

Quantidade = R$ 2.000.000,00 / R$ 200,00 = **10.000 unidades**.

O **ponto de equilíbrio contábil em quantidades** representa a quantidade necessária de unidades vendidas, multiplicada pelo valor de venda, para suprir os custos e despesas variáveis, adicionados aos custos e despesas fixos totais do período.

O **ponto de equilíbrio contábil em valor** é a quantidade de unidades necessárias, multiplicada pelo valor unitário, para suprir os custos e despesas variáveis, adicionados aos custos e despesas fixos totais do período.

> Exemplo da empresa Jasão:
>
> **PEC\$** = Unidades × Preço de venda unitário
> **PEC\$** = 10.000 u. × R\$ 500,00
> **PEC\$** = R\$ 5.000.000,00
>
> **Verificação:**
> Custos e despesas variáveis = 10.000 u. × R\$ 300,00 = R\$ 3.000.000,00
> Custos e despesas fixos/mês.. = R\$ 2.000.000,00
> Custos e despesas variáveis + Custos e despesas fixos = R\$ 5.000.000,00
>
> Portanto: Vendas = Custos e despesas variáveis + Custos e despesas fixos

Portanto, o **PECq** – ponto de equilíbrio contábil – em quantidades será de 10.000 unidades e o **PEC\$** – ponto de equilíbrio em valor (monetário) – será de R\$ 5.000.000,00.

9.2.2.2 PONTO DE EQUILÍBRIO ECONÔMICO

$$PEE = \frac{\text{Custos e Despesas Fixos} + \text{Custos de Oportunidade}}{\text{Margem de Contribuição Unitária}}$$

O ponto de equilíbrio econômico consiste no momento em que as receitas se igualam aos custos e às despesas, adicionando o custo de oportunidade.

A princípio, com o resultado nulo apresentado pelo ponto de equilíbrio contábil, supõe-se que a entidade não esteja tendo prejuízo. Porém, economicamente, entende-se que a entidade estará perdendo, pelo menos, o juro do capital próprio investido (custo de oportunidade).

$$PEE = \frac{\textbf{(Custos fixos + Despesas fixas + Custo de oportunidade)}}{\textbf{Margem de contribuição unitária}}$$

O custo de oportunidade consiste no custo do investidor para aplicar o seu capital. Por exemplo, um investidor retira determinado montante de uma aplicação financeira, com rentabilidade mensal, para abrir uma empresa. O custo de oportunidade consiste no montante e nos juros que o investidor está perdendo por não realizar a aplicação financeira.

Exemplo: supondo que a **empresa Jasão** tenha investido R\$ 1.000.000,00 em seu patrimônio e que, atualmente, o mercado proporcione uma rentabilidade líquida de 10% ao ano. Isso direciona em R\$ 100.000,00 o resultado financeiro de um ano.

Então, o ponto de equilíbrio econômico leva em consideração essa rentabilidade financeira, e o lucro somente ocorrerá após esse equilíbrio.

ANÁLISE GERENCIAL DE CUSTOS **121**

Preço de venda unitário	= R$ 500,00 / u.
(–) Custos e desp. variáveis	= R$ 300,00 / u.
Margem de cont. unitária.	= R$ 200,00 / u.
Custos e despesas fixos	= R$ 2.000.000,00 / ano

PECq = 10.000 u. / ano (R$ 2.000.000,00 / R$ 200,00)

O ponto de equilíbrio econômico será a soma dos custos e despesas fixos anual de R$ 2.000.000,00, acrescida de R$ 100.000,00 do custo de oportunidade, o que totaliza R$ 2.100.000,00, dividido pela margem de contribuição unitária.

Para atingir o ponto de equilíbrio econômico, serão necessárias, no mínimo, a produção e a venda de 10.500 unidades.

PEEq = (Custos fixos e despesas fixos + Custo de cportunidade) / MCU
PEEq = (R$ 2.000.000,00 + R$ 100.000) / R$ 200,00
PEEq = 10.500 unidades

PEE$ = PEEq × Preço de venda
**PEE$** = 10.500 × R$ 500,00 = R$ 5.250.000,00

R$ 5.250.000,00 = Vendas (10.500 u. × R$ 500,00)
(–) R$ 3.150.000,00 = Custos e desp. var. (10.500 u. × R$ 300,00)
(–) R$ 2.100.000,00 = Custos e despesas fixos/ano + **Remuneração do capital**
    = R$ 0

Verificação:
Custos e despesas variáveis = 10.500 u. × R$ 300,00 = R$ 3.150.000,00
Custos e despesas fixos + Remuneração do capital = R$ 2.100.000,00
Custos e despesas variáveis + Custos e despesas fixos = R$ 5.250.000,00

Portanto:
Vendas = Custos e despesas variáveis + Custos e despesas fixos + Remuneração de capital

---

Concluindo, o **PEE$** – ponto de equilíbrio econômico em valor (ou monetário) – será de R$ 5.250.000,00 e o **PEEq** – ponto de equilíbrio econômico em quantidades – será de 10.500 unidades, suficiente para remunerar o capital investido.

9.2.2.3 PONTO DE EQUILÍBRIO FINANCEIRO

$$PEF = \frac{\text{Custos e Despesas Fixos (–) Despesas não desembolsáveis}}{\text{Margem de Contribuição Unitária}}$$

O ponto de equilíbrio financeiro difere do ponto de equilíbrio contábil e do ponto de equilíbrio econômico.

A contabilidade das entidades registra os atos e fatos econômicos, o que significa não necessariamente desembolsos de recursos, como acontece, por exemplo, nos casos de depreciação, amortização ou exaustão.

PEF = (Custos e despesas fixos – Custos e despesas sem desembolso) / Margem de contribuição unitária

---

Logo, o objetivo do ponto de equilíbrio financeiro é identificar o momento em que as receitas se igualam aos custos e despesas, sem considerar as despesas registradas contabilmente em que não ocorreu o efetivo desembolso de recursos.

O ativo imobilizado, basicamente, é composto por bens necessários às atividades das entidades, tais como imóveis, máquinas e equipamentos, veículos etc. Esses bens sofrem depreciação (desgaste pelo uso), podendo ser calculada por meio de alguns critérios contábeis e fiscais, diante de uma perspectiva de vida útil.

Para facilitar o entendimento, serão utilizados os dados da **empresa Jasão** do exemplo anterior. No total apresentado, os custos e despesas fixos são de R$ 2.000.000,00/ano. Supondo que esteja incluso o valor de R$ 200.000,00 de despesas com depreciação, as quais se constituíram em apropriação de procedimento contábil econômico, em que não houve o efetivo desembolso de recurso.

Nesse contexto, o total de custos e despesas fixos em que houve efetivamente o desembolso será de R$ 1.800.000,00.

PEF = Ponto de equilíbrio financeiro

$$PEF = \frac{\text{Custos e despesas fixos} - \text{Custos e despesas sem desembolso}}{\text{MCU (margem de contribuição unitária)}}$$

$$PEFq = \frac{R\$\ 2.000.000,00 - R\$\ 200.000,00}{R\$\ 200,00} = \textbf{9.000 unidades/ano}$$

PEF\$ = 9.000 u. × R$ 500,00 (PV) = **R$ 4.500.000,00**

ANÁLISE GERENCIAL DE CUSTOS **123**

Verificação:
Vendas = 9.000 u. × R$ 500,00 = R$ 4.500.000,00

Custos e despesas fixos – Custos e despesas sem desembolso .... = R$ 1.800.000,00
Custos e despesas variáveis = 9.000 u. × R$ 300,00 .... = R$ 2.700.000,00
Total... = R$ 4.500.000,00

Exemplo:

A **empresa Troia**, em determinado período, tinha o preço de venda de seu produto fixado em
R$ 400,00. Os custos e despesas variáveis totalizaram R$ 280,00 e os custos e despesas fixos
R$ 504.000,00. O Capital investido foi de R$ 800.000,00 e o mercado financeiro está remune-
rando a aplicação financeira nesse montante em 5% para esse período.

Cálculo do ponto de equilíbrio contábil

A margem de contribuição unitária é o preço de venda unitário, menos os custos e despesas
variáveis, resultando, nesse exemplo, em R$ 120,00 (R$ 400,00 – R$ 280,00).

Preço de venda unitário   = R$ 400,00
(–) Custos e desp. var.   = R$ 280,00
= Margem de cont. unit.   = R$ 120,00

PECq = (Custos fixos e despesas fixos) / MCU
PECq = R$ 504.000,00 / R$ 120,00
PECq = 4.200 unidades

**PEC$** = Quantidade × R$ Preço de venda unitário
**PEC$** = 4.200 unidades × R$ 400,00 = R$ 1.680.000,00

Verificação:
Vendas = R$ 1.680.000,00
Custos e despesas variáveis = 4.200 u. × R$ 280,00   = R$ 1.176.000,00
Custos e despesas fixos .... = R$ 504.000,00
Custos e despesas variáveis + Custos e despesas fixos = R$ 1.680.000,00

124 CAPÍTULO 9

Cálculo do ponto de equilíbrio econômico da Cia. Troia

PEEq = (Custos fixos e despesas fixos + Custo de oportunidade) / MCU
PEEq = [R$ 504.000,00 + (0,05 × R$ 800.000,00)] / R$ 120,00
PEEq = R$ 544.000,00 / R$ 120,00
PEEq = 4.533,33 unidades

Como não é possível vender parte de uma unidade, para atingir o ponto de equilíbrio, deve-se sempre arredondar para cima.

PEE$ = Quantidade × R$ Preço de venda unitário
PEE$ = 4.534 unidades × R$ 400,00 = R$ 1.813.600,00

Verificação:
Vendas = R$ 1.813.600,00
Custos e despesas variáveis = 4.534 u. × R$ 280,00................................... = R$ 1.269.520,00
Custos e despesas fixos + Remuneração de capital......................................= R$ 544.000,00
Arredondamento de 4.533,33 u. p/ 4.534 u. = 0,6667 × R$ 120,00 ....= R$ 80,00
Custos e despesas variáveis + Custos e despesas fixas +
Remuneração de capital + Arredondamento   = R$ 1.813.600,00

9.2.2.4 PONTO DE EQUILÍBRIO – CONSIDERAÇÕES

Devem-se considerar algumas premissas para a aplicabilidade desses conceitos, tais como a não consideração da inflação no período; a produção e venda de um único produto; que as receitas e as despesas foram recebidas e pagas respectivamente dentro do mesmo período; e a utilização do método de custeio por absorção.

O **ponto de equilíbrio contábil** considera as apropriações contábeis, inclusive da depreciação (que não envolve saídas de recursos), porém não considera o custo de oportunidade da remuneração do capital investido. No caso da **empresa Jasão**, o ponto de equilíbrio contábil era de R$ 5.000.000,00 e de 10.000 unidades.

O **ponto de equilíbrio econômico** considera as apropriações contábeis e o custo de oportunidade da remuneração do capital investido. No caso da **empresa Jasão**, o ponto de equilíbrio econômico era de R$ 5.250.000,00 e de 10.500 unidades.

O **ponto de equilíbrio financeiro** desconsidera a apropriação contábil da depreciação e a remuneração do capital investido, resultando, no caso da **empresa Jasão**, em um ponto de equilíbrio financeiro de R$ 4.500.000,00 e de 9.000 unidades.

Muitos relatórios administrativos podem demonstrar equivocadamente alguns resultados que não refletem exatamente a saúde econômica e financeira das entidades.

ANÁLISE GERENCIAL DE CUSTOS **125**

Com 9.000 unidades a **empresa Jasão** consegue o ponto de equilíbrio financeiro, porém, não estaria capitalizando recursos para a aquisição de um futuro bem de produção do imobilizado nem estaria remunerando o capital investido.

Pode ocorrer também de a empresa obter um empréstimo a ser pago em alguns anos. Dessa forma, a parcela anual irá compor o total de custos e despesas, resultando em novo ponto de equilíbrio. Se parte desse empréstimo for para o aumento do capital social, significa nova análise sobre a remuneração de tal investimento.

Alterações nas quantidades a serem produzidas exigirão um novo cronograma de compras, de desembolso de caixa e de atividades operacionais e de estocagem e movimentação de cargas. Provavelmente, também resultará no acréscimo de mão de obra e respectivos encargos sociais e provisões trabalhistas, alterando, assim, a estrutura de custos e despesas fixos, impactando no fluxo de caixa, novas estratégias de marketing e de vendas e impactando em nova margem de contribuição unitária e em novo ponto de equilíbrio em quantidade e em valores, e em outras variáveis a serem consideradas e analisadas.

9.2.3 MARGEM DE SEGURANÇA (MS)

Margem de segurança (MS) em unidades e MS em valores representa o volume de vendas que supera as vendas calculadas no ponto de equilíbrio. Haverá margem de segurança quando as vendas realizadas ou projetadas em unidades, em valor ou em percentual, diminuírem até o limite das vendas no PE – ponto de equilíbrio.

Se as vendas no ponto de equilíbrio forem de R$ 1.000,00 e as vendas efetivas totalizarem R$ 1.100,00, a margem de segurança será de R$ 100,00. Se o ponto de equilíbrio em quantidades for de 1.000 unidades e as vendas efetivas foram de 1.100 unidades, a margem de segurança será de 100 unidades.

Percentualmente, a MS será o valor ou quantidade da margem de segurança, dividido pelo valor ou quantidade das vendas efetivas. No exemplo mencionado, a **MS** será de **9,0909%** (100 u. / 1.100 u.), ou seja, pode-se reduzir as vendas em até 9,0909%, em 100 unidades ou em R$ 100,00 em vendas, sem entrar na faixa do prejuízo contábil.

9.3 INDICADORES: CAPACIDADE DE PAGAMENTO, ATIVIDADE E RENTABILIDADE

Os indicadores financeiros podem ser classificados da seguinte forma:

INDICADORES DE CAPACIDADE DE PAGAMENTO

> ❯ Liquidez corrente, liquidez seca, liquidez imediata, liquidez geral e endividamento.

INDICADORES DE ATIVIDADE

❯ Prazo médio de recebimento, prazo médio de pagamento, giro de estoques e giro do ativo total.

INDICADORES DE RENTABILIDADE

❯ Margem operacional sobre vendas, margem líquida sobre vendas, rentabilidade do ativo total e rentabilidade do patrimônio líquido.

9.4 CONSIDERAÇÕES SOBRE O CAPÍTULO

A análise gerencial de custos é muito importante para a tomada de decisão. A gestão de custos consiste em elaborar um planejamento estratégico de custos diante dos recursos disponíveis, objetivando a maximização dos resultados.

Ponto de equilíbrio consiste no momento em que ocorre o equilíbrio entre os custos e despesas diante das receitas totais.

O ponto de equilíbrio pode ser:

❯ **Contábil**: momento em que a receita total se iguala ao total de custos e despesas.

$$PECq = \frac{(Custos\ fixos + Despesas\ fixas)}{Margem\ de\ contribuição\ unitária}$$

❯ **Econômico**: momento em que as receitas se igualam aos custos e despesas, adicionado ao custo de oportunidade.

$$PEE = \frac{(Custos\ fixos + Despesas\ fixas + Custo\ de\ oportunidade)}{Margem\ de\ contribuição\ unitária}$$

❯ **Financeiro**: momento em que as receitas se igualam aos custos e despesas com efetivo desembolso.

$$PEF = \frac{(Custos\ fixos + Despesas\ fixas - Despesas\ sem\ desembolso)}{Margem\ de\ contribuição\ unitária}$$

ANÁLISE GERENCIAL DE CUSTOS **127**

9.5 EXERCÍCIOS

1. A análise CVL é fundamental para a gestão. Assinale a alternativa que contém o seu significado:
   a. ( ) Custos, volume e lucro.
   b. ( ) Custos, variedade e limpeza.
   c. ( ) Capacidade, variedade e lucro.
   d. ( ) Conveniência, volume e lucro.
   e. ( ) Capacidade, volume e limpeza.

2. Assinale a afirmação falsa em relação ao ponto de equilíbrio:
   a. ( ) O ponto de equilíbrio contábil pode ser obtido dividindo a soma dos custos e despesas fixos pela margem de contribuição unitária.
   b. ( ) O ponto de equilíbrio econômico consiste no momento em que as receitas se igualam aos custos e as despesas, adicionados ao custo de oportunidade.
   c. ( ) O ponto de equilíbrio financeiro tem o objetivo de identificar o momento em que as receitas se igualam aos custos e despesas, sem considerar as despesas sem desembolso.
   d. ( ) O ponto de equilíbrio contábil não considera as depreciações.
   e. ( ) O ponto de equilíbrio financeiro difere do ponto de equilíbrio contábil e do ponto de equilíbrio econômico.

3. **Renato** retirou dinheiro da poupança e realizou um investimento de R$ 30.000,00. O investimento, apesar de prever lucro, também estava sujeito a riscos. Assinale a alternativa que representa um custo de oportunidade.
   a. ( ) O possível prejuízo por investir na empresa.
   b. ( ) R$ 30.000,00 investidos e o rendimento da poupança.
   c. ( ) R$ 30.000,00 investidos.
   d. ( ) O fato de que a empresa deverá pagar juros pelos seus empréstimos.
   e. ( ) O risco do negócio.

4. Uma empresa elaborou um projeto para a introdução de um produto novo no mercado e obteve as seguintes premissas:
   - Custos fixos mensais = R$ 33.000,00.
   - Despesas fixas mensais = R$ 28.000,00.
   - Custo variável unitário = R$ 23,00.
   - Depreciação mensal = R$ 2.000,00.
   - Desp. e tributos variáveis un. = R$ 17,00.
   - Preço de venda unitário = R$ 80,00.
   - Lucro esperado .... = R$ 10.000,00.

   a. Qual a margem de contribuição unitária? R$ _____

128 CAPÍTULO 9

b. Considerando tais premissas, preencha:

Ponto de equilíbrio	Quantidade	Reais
Contábil		
Econômico		
Financeiro		

5. A **Cia. Carlos** vende seus produtos por R$ 57,00. O custo e as despesas fixos do período são R$ 25.000,00 e o custo variável unitário é de R$ 32,00. Qual a quantidade do ponto de equilíbrio contábil?

6. A **Cia. Marcos Rogério** vende seus produtos por R$ 200,00. O custo e as despesas fixos do período é de R$ 25.000,00 e o custo variável unitário é de R$ 75,00. Qual a quantidade do ponto de equilíbrio contábil?

7. A **Cia. Spencer** possui no período custos fixos de R$ 600,00 e sua margem de contribuição é de 40% do preço de venda. Qual o valor das vendas no ponto de equilíbrio contábil?

8. A **Cia. Tereza** possui no período custos e despesas fixos de R$ 10.000,00 e a sua margem de contribuição é de 40% do preço de venda. Qual o valor das vendas no ponto de equilíbrio contábil?

9. Leia os dados a seguir e responda às questões sobre o **produto Y**:
   - Custo variável direto unitário = Matéria-prima = R$ 100,00.
   - Mão de obra direta unitária = R$ 70,00.
   - Gastos gerais de fabricação unitários = R$ 60,00.
   - Tributos incidentes sobre vendas:
     - ICMS = 7%;
     - COFINS = 7,6%;
     - PIS = 1,65%.
   - Comissões sobre vendas = 1,75% sobre o preço de venda.
   - Margem de lucratividade = 2% sobre o preço de venda.

   Pede-se:
   a. Formar o preço de venda do produto Y.
   b. Sabendo que os custos e despesas operacionais fixos (CDOF) totalizam R$ 4.620,00, quantas unidades produzidas e comercializadas do produto Y seriam necessárias no período para obter o valor (aproximado) de R$ 3.600,00 de resultado operacional?
   c. Quantas unidades produzidas e comercializadas do produto Y seriam necessárias no período para obter o valor (aproximado) de R$ 9.000,00 de resultado líquido final, sabendo que o Imposto sobre a Renda e a Contribuição Social sobre o Resultado Operacional totalizam 34%?

ANÁLISE GERENCIAL DE CUSTOS   129

10. Leia os dados a seguir e responda às questões sobre o produto X:
- Tributos incidentes sobre as vendas = 20%.
- Comissões sobre as vendas = 3%.
- Margem de contribuição = 5%.
- Custo unitário variável direto:
  - Matéria-prima = R$ 91,00;
  - MOD = R$ 48,00;
  - GGF = R$ 32,00.

Pede-se:

a. Formar o preço de venda do produto X.

b. Com relação ao produto X, qual o ponto de equilíbrio contábil (monetário) se o total de custos e despesas operacionais fixos é de R$ 5.000,00?

c. Qual o ponto de equilíbrio econômico (monetário) para o período, se o capital investido foi de R$ 100.000,00 e espera-se uma remuneração (custo de oportunidade) de 1% para o período?

d. Considerando que dentro dos custos e despesas operacionais fixos esteja incorporada para o período uma parcela de R$ 300,00 de despesa de depreciação, qual o ponto de equilíbrio financeiro (monetário)?

11. Questão 26 do Exame de Suficiência CFC 2015.1:

26. Uma indústria está lançando no mercado um produto com os seguintes dados de custos:

Custos indiretos fixos totais	R$ 650.000,00
Depreciação incluída nos custos indiretos fixos totais	R$ 32.500,00
Montante de lucro desejado	R$ 97.500,00
Custo direto variável unitário	R$ 12,50
Preço de venda unitário	R$ 32,50
Expectativa de venda mensal	35.000 unidades

Com base nos dados apresentados, é CORRETO afirmar que:

a. a Margem de Segurança é de R$ 12,50 por unidade.

b. o Ponto de Equilíbrio Contábil é de 20.000 unidades.

c. a Margem de Contribuição é de R$ 20,00 por unidade.

d. o Ponto de Equilíbrio Econômico é de 23.000 unidades.

12. Questão 22 do Exame de Suficiência CFC 2011.2:

22. Relacione o Indicador Econômico Financeiro descrito na primeira coluna com exemplos de indicadores na segunda coluna e, em seguida, assinale a opção **CORRETA**.

(1) Indicadores de Capacidade de Pagamento	( )	Liquidez Corrente, Liquidez Seca, Liquidez Imediata, Liquidez Geral e Endividamento.
(2) Indicadores de Atividade	( )	Prazo Médio de Recebimento, Prazo Médio de Pagamento, Giro de Estoques, Giro do Ativo Total.
(3) Indicadores de Rentabilidade	( )	Margem Operacional sobre Vendas, Margem Líquida sobre Vendas, Rentabilidade do Ativo Total e Rentabilidade do Patrimônio Líquido.

A sequência CORRETA é:

a. 2, 3, 1.
b. 3, 1, 2.
c. 1, 3, 2.
d. 1, 2, 3.

13. Questão 23 do Exame de Suficiência CFC 2011.2:

23. Uma empresa apresenta duas propostas de orçamento para o segundo semestre de 2012.

	Orçamento 1	%	Orçamento 2	%
Vendas	R$ 8.550.000,00	100	R$ 14.400.000,00	100
Custos Variáveis	R$ 5.130.000,00	60	R$ 5.760.000,00	40
Margem de Contribuição	R$ 3.420.000,00	40	R$ 8.640.000,00	60
Custos Fixos	R$ 1.795.500,00	21	R$ 4.752.000,00	33
Lucro Líquido	R$ 1.624.000,00	19	R$ 3.888.000,00	27

Os pontos de equilíbrio contábil dos Orçamentos 1 e 2, em valores monetários, são, respectivamente:

a. R$ 9.450.000,00 e R$ 17.600.000,00.
b. R$ 7.735.714,29 e R$ 11.781.818,18.
c. R$ 4.488.750,00 e R$ 7.920.000,00.
d. R$ 4.061.250,00 e R$ 6.480.000,00.

14. Questão 24 do Exame de Suficiência CFC 2011.2:

24. Uma empresa apresenta seu orçamento de produção estimado para 2012, com um total de vendas de 1.485.000 unidades; um estoque estimado no início do ano de 412.500 unidades; e um estoque desejado no final do ano de 294.000 unidades. A produção anual total indicada no orçamento de produção em unidades será de:

a. 778.500 unidades.
b. 1.366.500 unidades.

ANÁLISE GERENCIAL DE CUSTOS **131**

   c. 1.603.500 unidades.

   d. 2.191.500 unidades.

15. Questão 22 do Exame de Suficiência CFC 2012.1:

   22. Uma sociedade empresária produz um produto com preço de venda de R$ 10,00 por unidade. Os custos variáveis são R$ 8,00 por unidade e os custos fixos totalizam R$ 18.000,00 por ano, dos quais R$ 4.000,00 são relativos à depreciação. O Patrimônio Líquido da empresa é de R$ 50.000,00 e a sua taxa mínima de atratividade é de 10% ao ano.

   Os pontos de equilíbrio contábil, econômico e financeiro são, respectivamente:

   a. 9.000 unidades por ano, 11.500 unidades por ano e 7.000 unidades por ano.

   b. 9.000 unidades por ano, 11.500 unidades por ano e 9.500 unidades por ano.

   c. 9.000 unidades por ano, 7.000 unidades por ano e 9.500 unidades por ano.

   d. 9.000 unidades por ano, 9.500 unidades por ano e 7.000 unidades por ano.

16. Para vendas de R$ 450.000,00, a empresa **Chico ME** tem custos totais iguais a R$ 361.250,00, incluindo R$ 80.000,00 de custos fixos. Para vendas iguais a R$ 500.000,00, qual o resultado (lucro)?

17. Em um período a empresa **Anísio Ltda.** tem o volume de vendas de 30.000 unidades de um determinado produto comercializado por R$ 20,00 cada. O custo variável unitário é de R$ 8,00 e seus custos fixos totalizam R$ 300.000,00. Qual o resultado (lucro) por unidade?

18. O **Hotel Francis** possui 101 apartamentos para ofertar, praticando um preço médio de R$ 80,00 por diária. O custo fixo mensal (mês de 30 dias) do empreendimento é igual a R$ 108.080,00 e o custo variável por apartamento alugado alcança 40% do valor praticado da diária de cada apartamento. Sabe-se que 80 apartamentos foram ocupados por dia, durante o mês todo (mês de 30 dias), qual o lucro ou prejuízo do empreendimento neste mês?

Texto para a questão 19:

> A **indústria de confecções Erika Ltda.** produziu e vendeu dois produtos no mês: 250 calças pelo preço de venda unitário de R$ 60,00 e 250 blusas por R$ 40,00 cada. O consumo de matéria-prima (MD – material direto) de cada calça produzida foi de R$ 18,00 e de cada blusa foi de R$ 13,00. A mão de obra direta (MOD) consumida no período com a produção de calças foi de R$ 3.000,00 e com as blusas foi de R$ 2.000,00. O consumo de material de embalagem (MD – material direto) foi de R$ 1.500,00 com as calças e de R$ 1.000,00 com as blusas. Os CIF (custos indiretos de fabricação/custos fixos) do período são representados pelo aluguel da fábrica em R$ 3.200,00, depreciação de equipamentos da fábrica em R$ 800,00 e as despesas fixas com publicidade, que foram de R$ 3.000,00. A empresa emprega o critério da mão de obra direta (MOD) como base de rateio dos CIF. Suponha não existirem estoques iniciais nem finais, e que toda produção foi vendida.

132 CAPÍTULO 9

19. Conforme o texto apresentado, responda às questões:

   a. Qual a margem de contribuição unitária de cada calça? R$ _____

   b. Qual a margem de contribuição unitária de cada blusa? R$ _____

   c. Pelo método do custeio variável (direto), qual o resultado final obtido no período com os dois produtos? R$ _____

   d. Pelo método do custeio por absorção, qual o resultado unitário com a venda de cada calça? R$ _____

   e. Pelo método do custeio por absorção, qual o resultado unitário com a venda de cada blusa? R$ _____

20. Questão 11 do Enade 2015 (Exame Nacional de Desempenho dos Estudantes) – Tecnólogo em Gestão Financeira:

QUESTÃO 11

Na análise do desempenho empresarial, os indicadores de lucratividade das vendas são utilizados para medir a eficiência de uma empresa em produzir lucros por meio de suas vendas. Por exemplo, uma margem operacional de 20% revela que 80% das receitas de vendas foram utilizadas para cobrir os custos e despesas operacionais.

> ASSAF NETO, A.; LIMA. F. G. **Fundamentos de administração financeira**. 2. ed. São Paulo: Atlas, 2014 (adaptado).

Considerando o exposto, analise os seguintes dados do resultado operacional da empresa comercial WB.

Demonstração de Resultados do Exercício – Ano X1	
Receita Líquida de Vendas	50.000
Custo da Mercadoria Vendida	17.000
Lucro Bruto	33.000
Despesas com Vendas	7.000
Despesas Financeiras	1.000
Despesas Administrativas	10.000
Lucro Operacional	15.000

A margem operacional obtida pela empresa WB ao final do ano X1 é de

   a. 15%.

   b. 20%.

   c. 25%.

   d. 30%.

   e. 40%.

ANÁLISE GERENCIAL DE CUSTOS **133**

21. Questão 23 do Enade 2015 (Exame Nacional de Desempenho dos Estudantes) – Tecnólogo em Gestão Financeira:

QUESTÃO 23

Após estudos realizados pelo departamento de custos de uma empresa, detectou-se que o ponto de equilíbrio de um produto é de 1.000 unidades vendidas por mês. A tabela apresentada a seguir evidencia tal resultado.

Demonstração do lucro através do ponto de equilíbrio contábil	
CONTA	**TOTAL (R$)**
Vendas (1.000 unidades vendidas a R$ 8,00 cada uma)	8.000,00
(–) Custos Variáveis (1.000 unidades a R$ 2,00 cada uma	2.000,00
(–) Despesas Variáveis (1.000 unidades a R$ 1,00 cada uma)	1.000,00
(=) Margem de Contribuição	5.000,00
(–) Custos e Despesas Fixas para o período	5.000,00
(=) Lucro Operacional	0,00

Diante da necessidade de alavancar seus resultados econômicos, a empresa pretende comprar um novo equipamento para melhorar a qualidade de fabricação do referido produto. Entretanto, a aquisição desse novo equipamento provocará aumento no preço de venda unitário para R$ 10,00; nos custos fixos, para R$ 7.000,00; nos custos variáveis por unidade, para R$ 2,50; nas despesas variáveis, para R$ 1,50; e ainda se deseja auferir um lucro de R$ 2.000,00.

A partir das alterações provocadas pela aquisição do novo equipamento, para atingir seu ponto de equilíbrio econômico, a empresa deverá vender quantas unidades do produto?

a. 1.000.

b. 1.200.

c. 1.400.

d. 1.500.

e. 1.800.

22. Questão 30 do Enade 2015 (Exame Nacional de Desempenho dos Estudantes) – Administração:

QUESTÃO 30

A análise do ponto de equilíbrio da empresa revela o nível de vendas necessário para cobrir as despesas operacionais. Nesse sentido, é possível avaliar a rentabilidade associada aos níveis de vendas da empresa. O ponto de equilíbrio é calculado pela fórmula a seguir.

134 CAPÍTULO 9

$$\text{ponto de equilíbrio} = \frac{\text{custo fixo}}{\text{preço de venda unitário} - \text{custo variável unitário}}$$

Utilizando essa fórmula, o gerente financeiro de uma empresa quer verificar qual será o efeito, sobre o ponto de equilíbrio, do aumento ou diminuição, separadamente, do custo operacional fixo, do preço do produto, e do custo variável unitário, bem como de todas as variáveis ao mesmo tempo.

Considerando essa situação, avalie as afirmações a seguir.

I.   Se apenas o custo operacional fixo aumentar, o ponto de equilíbrio da firma será reduzido, uma vez que o custo operacional fixo não afeta os meios de produção da empresa.

II. Se apenas o preço do produto da empresa aumentar, o ponto de equilíbrio da firma será reduzido, porque será possível vender quantidade menor de produtos para cobrir as despesas operacionais.

III. Se apenas o custo variável unitário da empresa aumentar, o ponto de equilíbrio da firma aumentará, dado que o gasto com insumos será maior na linha de produção.

IV. Se o custo operacional fixo, o preço do produto e o custo variável unitário da empresa aumentarem, simultaneamente, o ponto de equilíbrio da firma não será alterado.

É correto apenas o que se afirma em

a. I.

b. II.

c. I e IV.

d. II e III.

e. III e IV.

10

CONTROLE E ACOMPANHAMENTO DA ALAVANCAGEM EMPRESARIAL

Alavanca é a utilização de um esforço menor para mover um peso muito maior. No caso da alavancagem empresarial, consiste em utilizar técnicas ou metodologias para propiciar um esforço incremental em vendas, que trará melhor resultado para a operação.

Competências adquiridas com a leitura do capítulo:

> Conhecer o conceito de alavancagem.
> Saber mensurar a alavancagem operacional e financeira.

O acompanhamento e o controle da alavancagem empresarial e financeira são fundamentais para o desenvolvimento da atividade empresarial, e este capítulo apresenta indicadores que possibilitam esse acompanhamento.

10.1 CONCEITO DE ALAVANCAGEM

Alavanca, como o próprio nome diz, é a utilização de um esforço menor para mover um peso muito maior. Pode-se definir a alavancagem empresarial como a utilização de um esforço incremental em vendas, que trará um percentual maior no resultado da operação. A Figura 10.1 contribui para essa visualização:

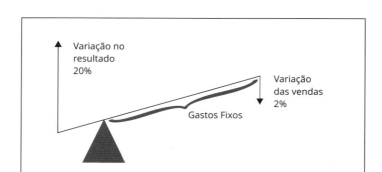

Fonte: Bruni e Famá (2012, p. 182).

FIGURA 10.1 ALAVANCAGEM EMPRESARIAL

10.2 ALAVANCAGEM OPERACIONAL (GAO – GRAU DE ALAVANCAGEM OPERACIONAL)

A alavancagem operacional, chamada por alguns autores de alavancagem empresarial, permite que uma pequena variação percentual no volume de vendas resulte em uma variação percentual muito maior no resultado.

$$\text{Grau de alavancagem operacional ou grau de alavancagem empresarial} = \frac{\text{Porcentagem de variação do lucro operacional}}{\text{Porcentagem de variação do volume (de vendas)}}$$

A compreensão das características dos gastos e suas variações em diferentes níveis de atividade contribui para a previsão e a projeção de lucros, os quais podem ser analisados pelo ponto de equilíbrio e pela alavancagem empresarial.

A alavancagem operacional (% lucro operacional / % vendas) decorre das atividades operacionais, como a depreciação do imobilizado, folha de pagamento, aluguéis etc. Diante desses custos fixos, o acréscimo ou o decréscimo em vendas trarão um resultado percentual maior ou menor, respectivamente.

A seguir, exemplo das vendas da **Cia. Pedro Henrique**, que, no período, subiram 1%, e cujo resultado aumentou em 1,4%.

$$\text{GAO} = \frac{\text{Variação do lucro operacional}}{\text{Variação do volume de vendas}} = \frac{\text{R\$ 7,00 / R\$ 500} \times 100}{\text{R\$ 10,00 / R\$ 1.000,00}} = 1,40\% / 1\% = 1,4$$

CONTROLE E ACOMPANHAMENTO DA ALAVANCAGEM EMPRESARIAL **137**

DRE da Cia. Pedro Henrique	– 1%	Situação-base $	1%
Receita de Vendas	990	1.000	1.010
(–) Custos Fixos	– 200	– 200	– 200
(–) Custos Variáveis (30%)	– 297	– 300	– 303
= Lucro Operacional (Lajir)	493	500	507
(–) Juros	0	0	0
= Lucro antes do Imp. Renda	**493**	**500**	**507**
A variação será de ➡	– 1,40%	⬅ ➡	1,40%

Nesse exemplo, a cada R$ 10,00 de acréscimo nas vendas (> 1%), o resultado aumenta em R$ 7,00 (1,4%). Teoricamente, se as vendas aumentarem R$ 200,00 (> 20%), o resultado aumentará 20 vezes R$ 7,00, ou seja, R$ 140,00 (28%), e assim sucessivamente.

Variação = R$ 140,00 / R$ 500,00 × 100 = 28%.

No exemplo a seguir, as vendas aumentaram R$ 300,00 (> 30%) e o lucro aumentou 42% (1,4 × 30%), ou seja, 30 vezes R$ 7,00 = R$ 210,00.

$$\text{GAO} = \frac{\text{Variação do lucro operacional}}{\text{Variação do volume de vendas}} = \frac{\text{R\$ 210,00 / R\$ 500,00} \times 100}{\text{R\$ 300,00 / R\$ 1.000,00}} = 42\% / 30\% = 1,4$$

DRE da Cia. Pedro Henrique	– 30%	Situação-base $	30%
Receita de Vendas	700	1.000	1.300
(–) Custos Fixos	– 200	– 200	– 200
(–) Custos Variáveis (30%)	– 210	– 300	– 390
= Lucro Operacional (Lajir)	290	500	710
(–) Juros	0	0	0
= Lucro antes do Imp. Renda	**290**	**500**	**710**
A variação será de ➡	– 42,00%	⬅ ➡	42,00%

10.3 ALAVANCAGEM FINANCEIRA (GAF – GRAU DE ALAVANCAGEM FINANCEIRA)

A alavancagem financeira expressa a relação entre as variações no lucro líquido em decorrência das variações no lucro operacional (existência de custos fixos financeiros).

138 CAPÍTULO 10

$$\text{Grau de alavancagem financeira } = \frac{\text{Porcentagem de variação do lucro líquido}}{\text{Porcentagem de variação do lucro operacional}}$$

A alavancagem financeira (% lucro líquido / % lucro operacional) está relacionada a gastos fixos de financiamentos (passivo), por exemplo, juros devidos e também sobre os dividendos (ações preferenciais). A seguir, o mesmo exemplo já demonstrado anteriormente, porém, com valor de juros sendo considerados de R$ 70,00.

DRE da Cia. Pedro Henrique	– 1%	Situação-base $	1%
Receita de Vendas	990	1.000	1.010
(–) Custos Fixos	– 200	– 200	– 200
(–) Custos Variáveis (30%)	– 297	– 300	– 303
= Lucro Operacional (Lajir)	493	500	507
(–) Juros	**– 70**	**– 70**	**– 70**
= Lucro antes do Imp. Renda	423	430	437,0
A variação será de ➡	– 1,6279%	← →	1,6279%

[GAF = 1,6279% / 1,40% = 1,16279]

No exemplo a seguir, as vendas aumentaram R$ 300,00 (> 30%) e o lucro aumentou 48,837% (1,6279% × 30%), ou seja, 30 vezes R$ 7,00 = R$ 210,00.

DRE da Cia. Pedro Henrique	– 30%	Situação-base $	30%
Receita de Vendas	700	1.000	1.300
(–) Custos Fixos	– 200	– 200	– 200
(–) Custos Variáveis (30%)	– 210	– 300	– 390
= Lucro Operacional (Lajir)	290	500	710
(–) Juros	**– 70**	**– 70**	**– 70**
= Lucro antes do Imp. Renda	220	430	640,0
A variação será de ➡	– 48,837%	← →	48,837%

$$\text{GAF} = \frac{\text{Variação do lucro líquido}}{\text{Variação do lucro operacional}} = \frac{\text{R\$ 210,00 / R\$ 430,00} \times 100}{\text{R\$ 210,00 / R\$ 500,00}} = 48,837\% / 42\% = 1,6279$$

CONTROLE E ACOMPANHAMENTO DA ALAVANCAGEM EMPRESARIAL **139**

10.4 CONSIDERAÇÕES SOBRE O CAPÍTULO

A alavancagem operacional ou empresarial consiste na comparação do lucro operacional ao volume de vendas, por meio da fórmula:

$$\text{Alavancagem operacional} = \frac{\text{Porcentagem de variação do lucro operacional}}{\text{Porcentagem de variação do volume (de vendas)}}$$

A alavancagem financeira consiste na análise entre as variações no lucro líquido em decorrência das variações no lucro operacional, conforme a fórmula:

$$\text{Alavancagem financeira} = \frac{\text{Porcentagem de variação do lucro líquido}}{\text{Porcentagem de variação no lucro operacional}}$$

10.5 EXERCÍCIOS

1. Leia as afirmações a seguir e responda:

   I – A análise da variação percentual no volume de vendas resulta em uma variação percentual no resultado, nisso consiste a análise da alavancagem.

   II – A alavancagem financeira consiste na comparação entre o lucro líquido e o lucro operacional.

   III – A alavancagem operacional não considera depreciação e outras despesas.

   É possível afirmar que:

   a. ( ) Apenas a afirmação I é verdadeira.

   b. ( ) Apenas a afirmação II é verdadeira.

   c. ( ) Apenas a afirmação III é verdadeira.

   d. ( ) Apenas as afirmações I e II são verdadeiras.

   e. ( ) Todas as afirmações são verdadeiras.

2. A empresa **Wilson** produz e vende 2.500 unidades mensais de determinado produto, sendo que foram registrados os seguintes dados no período:

   ❯ Preço de venda = R$ 600,00/unidade

   ❯ Custos e despesas fixos = R$ 180.000,00/mês

   ❯ Custos e despesas variáveis = R$ 450,00/unidade

   No caso de a empresa aumentar as vendas para 3.000 unidades mensais, qual o GAO (grau de alavancagem operacional)?

140 CAPÍTULO 10

3. Questão 18 do Enade (Exame Nacional de Desempenho dos Estudantes) – Ciências Contábeis:

QUESTÃO 18

É muito importante que o empreendedor conheça o próprio negócio, para não deixar, nas mãos de terceiros, cuidados essenciais como a boa gestão de custos. O conhecimento do assunto auxilia o proprietário do negócio a ter uma boa gestão financeira: administrar e controlar os custos gerados na produção e comercialização de serviços ou produtos. O preço final de um serviço prestado ou produto vendido depende do quanto é investido para que ele exista. Caso a gestão de custos não seja eficaz, corre-se o risco de a empresa cobrar valores que não condizem com a realidade, o que pode afetar as margens de lucro, o volume de vendas ou o andamento geral do negócio.

Disponível em: <http://www.exame.abril.com.br>. Acesso em: 27 jul. 2005 (adaptado).

Considerando essas informações, avalie as asserções a seguir e a relação proposta entre elas.

I.   Quando o preço de venda de um produto ou serviço é determinado pelo mercado, a empresa só ampliará sua margem de lucro por meio da redução de custos e aumento da produtividade.

PORQUE

II. Praticar preços acima do mercado, quando os produtos ou serviços não agregam valores que os diferenciem de outros produtos similares disponíveis, provocará queda da demanda esperada, uma vez que os consumidores tenderão a comprar dos concorrentes.

A respeito dessas asserções, assinale a opção correta.

a. As asserções I e II são proposições verdadeiras, e a II é uma justificativa correta da I.
b. As asserções I e II são proposições verdadeiras, mas a II não é uma justificativa correta da I.
c. A asserção I é uma proposição verdadeira, e a II é uma proposição falsa.
d. A asserção I é uma proposição falsa, e a II é uma proposição verdadeira.
e. As asserções I e II são proposições falsas.

4. Questão 17 do Enade 2015 (Exame Nacional de Desempenho dos Estudantes) – Tecnólogo em Gestão Financeira:

QUESTÃO 17

A seguir são apresentados os demonstrativos de resultados de dois anos consecutivos de uma empresa.

CONTROLE E ACOMPANHAMENTO DA ALAVANCAGEM EMPRESARIAL **141**

	Ano 1	Ano 2
Receita Líquida	80.000	100.000
Custo do Produto Vendido	36.000	50.000
Lucro Bruto	44.000	50.000
Despesas Operacionais	26.000	23.000
Lucro Operacional	18.000	27.000
Despesas Financeiras	10.000	9.000
Lucro Antes do IR/CS	8.000	18.000
IR/CS	2.000	4.500
Lucro Líquido	6.000	13.500

Ano 2 em relação ao Ano 1	
Variação da Receita Líquida	25%
Variação do Lucro Operacional	50%
Variação do Lucro Líquido	125%

Com base nos números apresentados nas tabelas, verifica-se que o grau de alavancagem financeira da empresa é igual a

a. 5,00.

b. 2,50.

c. 2,00.

d. 0,60.

e. 0,40.

5. Questão 25 do Enade 2015 (Exame Nacional de Desempenho dos Estudantes) – Tecnólogo em Gestão Financeira:

QUESTÃO 25

Uma empresa planeja, para o próximo exercício, um incremento nas vendas na ordem de 30%. A empresa almeja que, a partir da situação atual, esse incremento nas receitas de vendas produza, ainda, um aumento no seu resultado operacional. A empresa busca estrategicamente maximizar o seu lucro operacional e, para tanto, propõe uma alteração de sua estrutura de custos. A situação proposta contempla a troca de parte de seus custos operacionais variáveis por custos operacionais fixos.

A equipe de custos da empresa realizou estudos acerca da situação atual e da situação proposta, tendo obtido as seguintes projeções a partir do aumento de 30% nas vendas:

DEMONSTRAÇÃO DE RESULTADO (ESTRUTURA DE CUSTOS ATUAL)		
		Projeção – aumento de 30% nas vendas
VENDAS	R$ 200.000	R$ 260.000
(–) Custo Variável (40%)	R$ 80.000	R$ 104.000
(–) Custo Operacional Fixo	R$ 80.000	R$ 80.000
Lucro Operacional	R$ 40.000	R$ 76.000

DEMONSTRAÇÃO DE RESULTADO (ESTRUTURA DE CUSTOS ALTERADA)		
		Projeção – aumento de 30% nas vendas
VENDAS	R$ 200.000	R$ 260.000
(–) Custo Variável (30%)	R$ 60.000	R$ 78.000
(–) Custo Operacional Fixo	R$ 100.000	R$ 100.000
Lucro Operacional	R$ 40.000	R$ 82.000

Considerando as informações apresentadas, os Graus de Alavancagem Operacional (GAO) para a estrutura de custos atual e para a estrutura de custos alterada são, respectivamente, de

a. 3 e 3,5.

b. 3 e 4.

c. 3,5 e 2,5.

d. 3,5 e 4.

e. 4 e 4,5.

11

CUSTOS E DESPESAS DE PESSOAL

O capítulo objetiva explicar os custos de pessoal e como calcular o indexador (coeficiente) do custo de pessoal, relevando a importância e o impacto real dos custos nos recursos humanos das empresas.

Competências adquiridas com a leitura do capítulo:

- Conhecer os encargos sociais sobre a folha de pagamento e o impacto destes nos custos das organizações.
- Saber desenvolver e interpretar o indexador de custos de pessoal, com o objetivo de planejar, acompanhar e controlar as despesas com pessoal.

A folha de pagamento pode se constituir em um dos mais importantes gastos das entidades, e, na maioria dos casos, é o maior custo. O planejamento e o controle, assim como o conhecimento de todos os encargos sociais, os custos e as despesas de pessoal, são fundamentais para o planejamento empresarial.

Um profissional pode ser contratado de várias formas, como: comissionado, por produção ou com parte fixa e parte variável. Isso depende das políticas empresarias, da função e do nível do funcionário.

Este capítulo apresenta o impacto dos encargos sociais sobre os salários.

11.1 SALÁRIOS, DIREITOS TRABALHISTAS E ENCARGOS SOCIAIS

O funcionário deve receber 12 salários no primeiro ano de trabalho. Após o primeiro ano de trabalho, ele irá trabalhar 11 meses, uma vez que terá direito ao gozo de 1 mês de férias, as quais farão parte do cálculo dos demais benefícios a que terá direito.

Além desse montante há outros valores que devem ser acrescidos para o cálculo dos custos e despesas de pessoal, por exemplo:

- férias, direito que corresponde a um salário, após completar um ano de registro na empresa;

143

- adicional de férias, que corresponde a $1/3$ das férias;
- abono pecuniário pelo fato de o empregado converter 10 dias das suas férias em abono;
- $1/3$ do abono pecuniário;
- décimo terceiro salário;
- horas extras;
- adicional de horas extras;
- dependendo do ramo de atividade, sindicato etc., o trabalhador pode ter aviso prévio diferenciado (acima de 30 dias), em virtude de algumas variáveis, por exemplo, a idade do trabalhador;
- PLR – participação nos lucros e resultados;
- outros benefícios.

Esses outros encargos e benefícios podem variar quando a empresa oferta benefícios diferenciados ou quando há acordos coletivos ou outros aspectos legais que são específicos da categoria ou da empresa.

Santos e Veiga (2014) destacam que a folha de pagamento pode conter, ainda, horas extras, adicional noturno, adiantamentos de salários, retenções e outros benefícios. O INSS – Instituto Nacional do Seguro Social – e o IRRF – Imposto sobre a Renda Retido na Fonte – retidos dos empregados tornam-se responsabilidade exclusiva do empregador.

Destacam-se a seguir os encargos trabalhistas.

11.1.1 INSS – INSTITUTO NACIONAL DO SEGURO SOCIAL

Conforme mencionado por Santos e Veiga (2014), existe custo para o empregador, que pode recolher até 28,8% sobre o total mensal da folha bruta de pagamento de salários (folha bruta, com hora extra, comissão e outros). Esse percentual se constitui em 20% de contribuição ao INSS, mais 5,8% de terceiros e de até 3% de SAT, ou mais, que serão mais bem detalhados na sequência.

Observa-se, também, que a partir de 2012 o governo instituiu a desoneração da folha de pagamento. É a eliminação da contribuição previdenciária patronal do INSS de 20% sobre a folha de pagamento. A cobrança será substituída por taxa de 1% a 2,5% sobre o faturamento, em questões específicas e em determinados ramos de atividade. É importante salientar que a desoneração de 20% do INSS deixa de existir, em determinados casos, sobre a folha de pagamento, porém, incidirá sobre o faturamento das entidades abrangidas por essa legislação. O cálculo da contribuição de terceiros e SAT continua sendo sobre a folha bruta de pagamento de salários.

Observação: com frequência, por decisões governamentais, ocorrem alterações nas siglas, nas alíquotas e nos critérios, como: aumentar a arrecadação, reduzir a sonegação, políticas setoriais e outros. Portanto, exige-se constante verificação das atualizações, por parte das empresas e dos profissionais.

11.1.2 FGTS – FUNDO DE GARANTIA DO TEMPO DE SERVIÇO

Santos e Veiga (2014) destacam que são recolhidos (depositados) 8% sobre a folha bruta do mês para o empregado e 0,5% para o governo. Quando ocorre rescisão sem justa causa, é necessário a empresa pagar para o empregado 40% relativos a multa, sobre o saldo da conta vinculada (depósitos efetuados na conta do empregado) e, também, mais 10% sobre esse mesmo saldo para o governo.[1]

Estuda-se, atualmente (2016), adequar a rentabilidade da conta vinculada do FGTS a padrões mais próximos da realidade, e não ao praticado pelas políticas históricas governamentais até o momento, de 3% ao ano mais a TR (taxa referencial), conforme a Lei nº 8.036, de 1990.

11.1.3 FÉRIAS

As férias, por sua vez, são calculadas com base nos rendimentos mensais, atualizadas pelo salário mais recente, acrescido de $^1/_3$. Também existem os mesmos encargos sociais de INSS e FGTS.

11.1.4 13º SALÁRIO

O 13º salário, também, é calculado com base nos rendimentos mensais, atualizado pelo salário mais recente, incidindo também os encargos sociais de INSS e FGTS.

11.1.5 CONTRIBUIÇÕES RETIDAS DOS EMPREGADOS

As contribuições devidas pelos empregados são compulsoriamente descontadas do salário dos empregados:

> contribuição sindical;
> contribuição assistencial ou taxa assistencial;
> contribuição associativa;
> contribuição confederativa.

11.1.6 VALE-TRANSPORTE

O vale-transporte é descontado do empregado até o limite de 6% sobre o seu salário. O valor gasto com transporte para o trajeto entre a residência e a empresa que ultrapassar esse limite de 6% será de responsabilidade do empregador.

---

[1] A Lei Complementar nº 110, de 29 de junho de 2001, instituiu contribuições adicionais ao FGTS, na alíquota de 10% sobre o montante dos depósitos ocorridos na vigência do contrato de trabalho incidente nas dispensas sem justa causa e de 0,5% sobre a remuneração devida a cada empregado no mês anterior.

146 CAPÍTULO 11

Nos casos de admissão, desligamento e férias, os valores envolvidos serão proporcionais.

11.1.7 RAT, FAP E SAT – SEGUROS DE ACIDENTES DO TRABALHO

O Seguro contra Acidentes do Trabalho pode ser de 1%, 2% ou 3%, ou, ainda, maior ou menor que esses percentuais, conforme o risco de acidentes relacionados ao trabalho desenvolvido pelos empregados e a atividade preponderante da entidade. Conforme a atividade, o risco pode ser considerado leve, médio ou grave. Existe complexidade no entendimento desses riscos nas atividades realizadas pelas entidades e muita discussão sobre arbitrariedades na atual legislação.[2]

Existem complexidades e questões judiciais envolvendo a constitucionalidade da instituição e da regulamentação da contribuição social para o **SAT** (seguro de acidentes do trabalho), incluindo a definição do chamado **RAT** (risco ambiental do trabalho) e do **FAP** (fator acidentário de prevenção).

11.1.8 TABELA DO INSS

A tabela do INSS é atualizada periodicamente, portanto, deve ser consultada antes dos cálculos. A Previdência Social disponibiliza em seu portal informações e tabelas atualizadas constantemente. Na Figura 11.1 temos a tabela para 2017.

Tabela da Previdência Social vigente – Jan./2017
Trabalhador Assalariado e empregado doméstico*

Salário de Contribuição	Alíquota
Até R$ 1.659,38	8,00%
De R$ 1.659,39 a R$ 2.765,66	9,00%
De R$ 2.765,67 até R$ 5.531,31	11,00%

Teto máximo de contribuição: R$ 608,44

Empregador doméstico: 12%

Fonte: disponível em: <http://www.previdencia.gov.br/servicos-ao-cidadao/todos-os-servicos/gps/tabela-contribuicao-mensal/>.

FIGURA 11.1 TABELA DE INSS RETIDO NA FONTE

A seguir, na Figura 11.2, são apresentados os cálculos de contribuições ao INSS, relativas ao empregador, supondo que terceiros totalizam 5,8% e que o RAT/SAT – seguro de acidentes do trabalho – seja para risco considerado grave.

---

[2] O Decreto n° 6.957, de 9 de setembro de 2009, modificou o regulamento da Previdência Social no que se refere à contribuição destinada ao financiamento do seguro de acidentes do trabalho (SAT).

Contribuições sociais	(em %)	Total	
– INSS		**20,0%**	
– TERCEIROS		**5,8%**	
SENAI/SENAC/SENAT	1,0%		
SESI/SESC/SEST	1,5%		
SALÁRIO-EDUCAÇÃO	2,5%		
INCRA	0,2%		
SEBRAE	0,6%		
– Seguro de acidentes do trabalho		**3,0%**	**28,8%**

FIGURA 11.2 EXEMPLO DE POSSÍVEL CONTRIBUIÇÃO AO INSS

A composição de terceiros e do RAT/SAT varia, conforme cada entidade, sendo interessante a constante revisão desse processo, evitando, assim, custos desnecessários.

11.1.9 PREVISÃO ORÇAMENTÁRIA OU ANÁLISE DE SALÁRIOS E ENCARGOS

É relevante para as empresas elaborarem o planejamento de gastos com cargos e salários. Para elaborar a previsão orçamentária é necessário analisar as seguintes variáveis:

a. Número de dias de repouso semanais, que são calculados da seguinte forma:
NRS = Dias do ano / número de dias da semana – dias de repouso semanal das férias.

Sendo:

> Dias do ano = 365.
> Dias da semana = 7, sendo que há aproximadamente 52 semanas por ano.
> Férias = 4 semanas.

Logo, sem as férias, há 48 semanas e o direito de um dia de repouso (normalmente), sendo 48 dias de repouso devidamente remunerados.

Nesse caso, pode-se arredondar para 48 dias de repouso semanal remunerado.

b. Há o 13º salário, que corresponde a um salário, mas conforme acordos coletivos, práticas empresariais ou outras variáveis, pode ser mais.

c. Número de feriados, que depende do estado, do município, do setor empresarial e da empresa.

d. Previdência Social = 20% sobre o salário, não é considerada a parte do funcionário, pois está inclusa no salário.

e. SAT/RAP/FAP: aproximadamente 1%, 2%, 3%.

148 CAPÍTULO 11

f. Além da possibilidade de benefícios específicos das empresas ou resultantes de acordos coletivos, há outros acréscimos, como: Sistema S (SESI, SESC, SENAC, SEBRAE), INCRA, salário-educação ou vale-transporte.

g. FGTS = 8,5% de custo. Para a conta vinculada do empregado = 8%.

11.1.10 INDICADOR DE IMPACTO

Um instrumento auxiliar muito útil para planejamento, acompanhamento e controle das despesas e custos de pessoal é o indicador de impacto.

O indicador de impacto consiste na construção de um indicador que serve como meta ou base para planejar e pode variar conforme os benefícios da empresa, o cargo ou a faixa salarial.

Funciona da seguinte forma:

O planejador financeiro calcula o impacto dos encargos e benefícios no salário e cria um indicador que é utilizado para:

> Facilitar o planejamento.
> Auxiliar em um momento em que necessita solicitar uma contratação e precisa de uma previsão urgente.
> Acompanhar o desempenho da folha de pagamento em relação aos encargos e benefícios.

A seguir, apresenta-se um exemplo com o cálculo do indicador de impacto.

11.1.11 EXEMPLO 1 – CONTRATAÇÃO POR HORA

Considerando que um operário foi contratado há mais de um ano, por R$ 20,00/hora, para uma jornada de 40 horas semanais, sendo que há férias anuais de 30 dias, defina:

a. Qual o custo total anual?
b. Qual o custo total mensal?
c. Qual o custo por hora do operário?
d. Qual o indicador de impacto?

Os encargos sociais que devem ser considerados no exemplo são:

> Previdência social = 20%
> Fundo de garantia = 8,5%
> Seguro de acidentes do trabalho = 3%
> Salário-educação = 2,5%
> SESI ou SESC = 1,5%
> SENAI ou SENAC = 1%
> INCRA = 0,2%
> SEBRAE = 0,6%

Número máximo de dias trabalhados

Total de dias no ano	365
(–) Dias de repouso semanal remunerado = (365 / 7) – 4	– 48
(–) Férias	– 30
(–) Feriados (variáveis: ano; empresa; ramo; cidade e outros)	– 12
(=) Número máximo de dias do trabalho	275

Número máximo anual de horas de trabalho

Custo da hora sem encargos	R$ 20,00
Carga horária semanal	40
Dias da semana	6
Carga horária média de trabalho diário = Carga horária semanal/Número de dias da semana = 40 / 6	6,666 horas ou 6 horas e 40 minutos
Número máximo anual de horas à disposição = 275 × 6,666	1.833,33

Observação: o número de dias semanais sempre deve ser 6, ainda que o funcionário trabalhe apenas 5 ou menor quantidade de dias semanais. Não se considera 7, pois um dos dias é o descanso semanal remunerado por lei.

Motivo: a legislação exige pagar apenas por um dia semanal como descanso remunerado, logo a carga horária semanal deve ser dividida pelos outros dias, não importando, do ponto de vista financeiro, em quantos dias semanais o funcionário irá realizar as atividades. Portanto, ele pode trabalhar apenas 4 ou 5 dias, que a forma de cálculo é a mesma, ou seja, considerando o total de horas que trabalha na semana.

Há empresas que pagam dois dias remunerados, é uma concessão da instituição (benefício além da exigência legal), chamada semana inglesa. Nesse caso, deve ser considerada a semana de 5 dias.

Salário sem encargos sociais

a. Custo das horas trabalhadas = Número máximo anual de horas à disposição × Custo da hora sem encargos = 1.833,33 × R$ 20,00	R$ 36.666,67
b. Repousos semanais = 48 × 6,667 × R$ 20,00	R$ 6.400,00
c. Férias = 30 × 6,666 × R$ 20,00	R$ 4.000,00
d. Adicional de férias = 1/3 de c)	R$ 1.333,33
e. 13º salário = 30 × 6,666 × R$ 20,00	R$ 4.000,00
f. Feriados = 12 × 6,666 × R$ 20,00	R$ 1.600,00
g. Salários sem encargos sociais e sem contribuições anuais	R$ 54.000,00

Encargos sociais anuais

Previdência social =	R$ 10.800,00	20,0%
Fundo de garantia =	R$ 4.590,00	8,5%
Seguro de acidentes do trabalho =	R$ 1.620,00	3,0%
Salário-educação =	R$ 1.350,00	2,5%
SESI ou SESC =	R$ 810,00	1,5%
SENAI ou SENAC =	R$ 540,00	1,0%
INCRA =	R$ 108,00	0,2%
SEBRAE =	R$ 324,00	0,6%
Total de encargos sociais anuais e contribuições	R$ 20.142,00	37,3%

Custo total anual

Salários sem encargos sociais	R$ 54.000,00
Encargos sociais	R$ 20.142,00
Custo total anual	R$ 74.142,00

Resultados

a. Custo total anual	R$ 74.142,00
b. Custo total mensal = R$ 74.142,00 / 12	R$ 6.178,50
c. Custo por hora do operário = R$ 74.142,00 / 1.833,33	R$ 40.441,00
d. Indicador de impacto = R$ 40,441,00 / R$ 20,00	2,022

Observações: não foram consideradas as seguintes hipóteses que podem aumentar o fator de impacto:

a. Licença remunerada, por algum aspecto legal ou por deliberação da empresa.

b. Licença não remunerada, mas que pode ocasionar gastos adicionais, como a contratação de profissional para substituição no período ou desvio de função de outros profissionais.

c. Possível demissão sem justa causa, que implica o pagamento de 50% do FGTS (40% para o funcionário, mais 10% de multa). Há empresas, inclusive, que provisionam parte desse valor.

d. Outros possíveis benefícios ou encargos, como assistência médica, vale-refeição, auxílio-creche ou participações nos resultados.

e. Observa-se, ainda, que esse indicador é um valor aproximado, que pode ser utilizado para a gestão, mas tem alterações, conforme calendário e outras variáveis.

11.1.12 EXEMPLO 2 – CONTRATAÇÃO POR VALOR MENSAL

Determinada empresa possui um funcionário mensalista, com o salário de R$ 2.500,00. Considerando que a empresa contribua com:

- 20% para o INSS;
- 8,5% para o FGTS;
- 5% para seguros de acidente de trabalho;
- 3% para o sistema S e outros encargos.

Há previsão de 12 dias como feriados anuais e férias anuais.
Pede-se:

a. Qual o custo total do funcionário por ano?
b. Qual o custo mensal?
c. Qual o indicador que pode ser utilizado como multiplicador, no caso de contratação?

Salário sem encargos sociais anuais

Salário mensal	R$ 2.500,00
Meses trabalhados	11
Salário = 11 × 2500	R$27.500,00
13º salário	R$ 2.500,00
Férias = salário mensal	R$ 2.500,00
Adicional de férias = 1/3 do salário mensal	R$ 833,33
Salário sem tributos e sem contribuições anuais	R$ 33.333,33

Tributos e contribuições anuais incidentes na folha de pagamento

Previdência social	R$ 6.666,66	20,0%
Fundo de garantia	R$ 2.833,33	8,5%
Seguro de acidentes do trabalho	R$ 1.666,67	5,0%
Sistema S	R$ 1.000,00	3 %
Encargos sociais	R$ 12.166,66	36,5%

Custo total anual

Salários sem encargos sociais	R$ 33.333,33
Encargos sociais	R$ 12.166,67
Custo total anual	R$ 45.500,00

Resultados

a. Custo total anual	R$ 45.500,00
b. Custo total mensal = R$ 45.500,00 / 12	R$ 3.791,67
c. Indicador de impacto = R$ 40.441,00 / 20	2,022

11.2 CONSIDERAÇÕES SOBRE O CAPÍTULO

O planejamento, o acompanhamento e o controle dos gastos com mão de obra são muito relevantes para a empresa, pelos seguintes aspectos:

a. Consistem em assumir compromissos mensais e, geralmente, com valores significativos para as empresas.

b. Devem ser analisados de forma que o gestor relacione esses custos e despesas com os benefícios; logo, um gasto alto para determinada mão de obra deve estar relacionado aos benefícios desse(s) profissional(is) para a empresa.

c. Assumem compromissos com a contratação ou a promoção de profissionais e impactam em gastos futuros, principalmente na necessidade de demissão sem justa causa.

d. A folha de pagamento de uma empresa é bem complexa, com diversos encargos sociais e tributos, exigindo constante atualização e análise.

11.3 EXERCÍCIOS

1. Os funcionários devem receber 11 salários ao ano, por seus meses trabalhados, após o primeiro ano trabalhado de 12 meses. Além desse montante, exemplifique outros valores que devem ser considerados como direitos trabalhistas:

_____

_____

_____

_____

_____

_____

2. Assinale a alternativa verdadeira:

a. ( ) Ao ser demitido sem justa causa, deve ser pago ao funcionário valor relativo a 40% sobre o saldo atualizado (para rescisão) de sua conta vinculada de FGTS.

CUSTOS E DESPESAS DE PESSOAL **153**

b. ( ) Ao ser demitido por justa causa, deve ser pago ao funcionário valor relativo a 40% do FGTS depositado pela empresa, desde o ingresso dele na instituição.

c. ( ) Ao ser demitido sem justa causa, a empresa deve recolher valor relativo a 100% do FGTS, desde o ingresso dele na instituição. O funcionário receberá esse montante apenas no momento da sua aposentadoria.

d. ( ) Ao ser demitido por justa causa, a empresa deve recolher valor relativo a 40% do FGTS, desde o ingresso dele na instituição. O funcionário receberá esse montante apenas no momento da sua aposentadoria.

e. ( ) Ao ser demitido sem justa causa, deve ser pago ao funcionário valor relativo a 100% do FGTS depositado pela empresa, desde o ingresso dele na instituição.

3. Assinale a alternativa verdadeira:

a. ( ) As férias devem ser calculadas pela média do salário anual.

b. ( ) O décimo terceiro salário deve ser calculado pela média do salário anual.

c. ( ) As férias devem ser atualizadas pelo salário mais recente, acrescido de 1/3 do valor.

d. ( ) O INSS e o FGTS não incidem sobre as férias.

e. ( ) O INSS e o FGTS não incidem sobre o décimo terceiro salário.

4. Quais as finalidades de calcular o fator ou indicador de impacto?

_____

_____

_____

_____

_____

_____

5. Uma empresa possui um profissional contratado há mais de um ano, e paga R$ 30,00/hora para uma jornada semanal de 20 horas. A área de pessoal forneceu as seguintes informações (cálculo anual):

➤ Previdência social = 20%
➤ Fundo de garantia = 8,5%
➤ Seguro de acidentes do trabalho = 3%
➤ Salário-educação = 2,5%
➤ SESI ou SESC = 1,5%
➤ SENAI ou SENAC = 1%
➤ INCRA = 0,2%
➤ SEBRAE = 0,6%

154 CAPÍTULO 11

❧ Férias previstas de 30 dias anuais e 14 feriados remunerados. Observe que geralmente o limite são 12, mas nesse caso há concessões da empresa, totalizando 14 dias.

Conforme esses dados, preencha:

Total de dias no ano	
(–) Dias de repouso semanal remunerado	
(–) Férias	
(–) Feriados	
(=) Número máximo de dias do trabalho	

Item	Valores em reais
Custo da hora sem encargos	
Carga horária semanal	
Dias da semana	
Carga horária média de trabalho diário	
Número máximo anual de horas à disposição	

Item	Valores em reais
Custo das horas trabalhadas	
Repousos semanais	
Férias	
Adicional de férias	
13º salário	
Feriados	
Salários sem encargos sociais anuais	

Item	Valores em reais	Percentual
Previdência social		20,0%
Fundo de garantia		8,5%
Seguro de acidentes do trabalho		3,0%
Salário-educação		2,5%
SESI ou SESC		1,5%
SENAI ou SENAC		1,0%
INCRA		0,2%
SEBRAE		0,6%
Total de encargos sociais anuais		

CUSTOS E DESPESAS DE PESSOAL **155**

Item	Valores em reais
Salários sem encargos sociais	
Total de encargos sociais	

Item	Valores em reais
a. Custo total anual	
b. Custo total mensal	
c. Custo por hora do operário	
d. Indicador de impacto	

6. Uma empresa possui um profissional com o salário de R$ 4.000,00 ao mês. A empresa contribui com os seguintes encargos sociais:
   - 20% para o INSS;
   - 8,5% para o FGTS;
   - 5% para seguros de acidente de trabalho;
   - 3,5 % para o Sistema S e outros encargos.

   Há previsão de 15 dias como feriados anuais.

   Conforme esses dados, preencha:

Salário mensal	
Meses trabalhados	
Salário	
Férias	
Adicional de férias	
13º salário	
Salário sem encargos sociais anuais	

Item	Valores em reais	Percentual
Previdência social		20,0%
Fundo de garantia		8,5%
Seguro de acidentes do trabalho		5,0%
Sistema S e outros encargos		3,5%
Encargos sociais		

CAPÍTULO 11

Item	Valores em reais
Salários sem contribuições	
Encargos sociais	

Item	Valores em reais
a. Custo total anual	
b. Custo total mensal	
c. Indicador de impacto	

12

ESTOQUES E SUA IMPORTÂNCIA

> **Valor realizável líquido** é o preço de venda estimado no curso normal dos negócios deduzido dos custos estimados para sua conclusão e dos gastos estimados necessários para concretizar a venda.
>
> CPC 16 – Estoques[1]

> **Valor justo** é aquele pelo qual um ativo pode ser trocado ou passivo liquidado entre as partes interessadas, conhecedoras do negócio e independentes entre si, com ausência de fatores que pressionem para a liquidação da transação ou que caracterizem uma transação forçada.
>
> CPC 46 – Mensuração do Valor Justo[2]

Este capítulo possibilita visualizar as formas de controle de estoque, uma das áreas fundamentais para as entidades. O acompanhamento do estoque é relevante para evitar fraudes, obsolescência ou material desnecessário e contribui, de forma eficaz, na gestão das entidades.

Competências adquiridas com a leitura do capítulo:

- Conhecer os métodos de custeio e as formas de controle.
- Saber estruturar e implantar um sistema de custeio.
- Conhecer os tributos incidentes sobre as vendas.

---

[1] COMITÊ DE PRONUNCIAMENTOS CONTÁBEIS – CPC 16 – Estoques. Comitê de Pronunciamento Contábil. Disponível em: <http://www.cpc.org.br/CPC/Documentos-Emitidos/Pronunciamentos/Pronunciamento?Id=47>. Acesso em: 22 jun. 2016.
[2] COMITÊ DE PRONUNCIAMENTOS CONTÁBEIS – CPC 46 – Mensuração do Valor Justo. Comitê de Pronunciamento Contábil. Disponível em: <http://www.cpc.org.br/CPC/Documentos-Emitidos/Pronunciamentos/Pronunciamento?Id=78>. Acesso em: 22 jun. 2016.

158 CAPÍTULO 12

O sucesso ou fracasso de uma entidade, em muitos casos, pode estar diretamente relacionado à disponibilidade ou à falta de materiais, mercadorias e produtos. Se estocar a mais, indevidamente, compromete o fluxo de caixa e todo o sistema de estocagem, incluindo a disponibilidade de espaço físico, além, é claro, do período de rotatividade e inúmeras variáveis como validade, obsolescência e outras.

Os estoques podem ser de mercadorias; de matérias-primas; de materiais de embalagem, de escritório, auxiliares, manutenção, limpeza, material em processo (fabricação) e de produtos acabados.

12.1 ESTOQUES E A GESTÃO DA EMPRESA

Um item muito importante para abordar em relação ao controle de custos consiste no controle dos estoques. A Seção 13 da NBC TG 1000, Resolução CFC 1.255/09, aborda os aspectos relacionados aos estoques para as pequenas e médias empresas e afirma que:

Estoques são ativos:

> (a) mantidos para venda no curso normal dos negócios;
>
> (b) no processo de produção para venda; ou
> (c) na forma de materiais ou suprimentos a serem consumidos no processo de produção ou na prestação de serviços.

Custo de aquisição segundo o CPC 16 – Estoques:

> O custo de aquisição dos estoques compreende o preço de compra, os impostos de importação e outros tributos (exceto os recuperáveis junto ao fisco), bem como os custos de transporte, seguro, manuseio e outros diretamente atribuíveis à aquisição de produtos acabados, materiais e serviços. Descontos comerciais, abatimentos e outros itens semelhantes devem ser deduzidos na determinação do custo de aquisição. (Nova redação dada pela Revisão CPC nº 1, de 08/01/2010.)

O custo dos estoques inclui todos os custos de compra, custos de transformação e outros custos incorridos como seguros e fretes, além de Imposto sobre Importação e outros tributos, com exceção daqueles posteriormente recuperáveis (não cumulatividade tributária).

12.2 MÉTODOS DE AVALIAÇÃO DE CUSTO DOS ESTOQUES

Existem livros de Registro de Inventário, e de Entrada e de Saída de Mercadorias, que, além de refletirem a posição dos estoques, servem de subsídio para a fiscalização, o controle e também para a auditoria.

Em relação à periodicidade, o controle do estoque pode ser:

> **inventários periódicos:** que são aqueles realizados normalmente ao final de cada ano;
> **inventários permanentes:** o controle é mais eficiente e possibilita a qualquer momento verificar a quantidade de cada item.

A seguir são apresentados os métodos mais usuais de avaliação dos estoques:

> **PEPS:** primeiro que entra, primeiro que sai;
> **MPM:** média ponderada móvel, também conhecida como custo médio;
> **UEPS:** último que entra, primeiro que sai.

As empresas podem utilizar apenas o **método** PEPS ou custo médio.

Em um sistema inflacionário, o método **PEPS** resultará, após o consumo de materiais no período, em maior valor do saldo de estoque e na apuração de um resultado menor do **CMV** – custo da mercadoria vendida, do **CPV** – custo do produto vendido – ou do **CSP** – custo do serviço prestado.

Inversamente, o método **UEPS** não é permitido pelo regulamento do Imposto sobre a Renda, nem pela norma do CFC Resolução 1.255/09, uma vez que resultaria em um maior custo apurado, direcionando um menor lucro, desfavorecendo, assim, o fisco. Porém, em termos gerenciais, esse método de custo de reposição é o ideal para os administradores e gestores mensurarem o seu custo de forma atualizada.

12.2.1 FICHAS DE CONTROLE DE ESTOQUES

O valor de venda, para efeito do controle de estoques, não tem relação com a ficha de controle de estoques. O custo do material/produto/mercadoria da respectiva venda é diminuído do saldo dos estoques. Se houver devolução de vendas, esse respectivo custo será reintegrado aos estoques. O procedimento é o mesmo em relação ao frete e aos seguros relativos às compras, o Imposto sobre a Importação, pois todos são considerados custos de aquisição.

12.2.1.1 CONTROLE DE ESTOQUES PELO MÉTODO DO CUSTO MÉDIO

O método do custo médio é também chamado de média ponderada móvel, sendo normalmente registrado no ativo circulante. Esse é o tipo de controle mais utilizado e a cada nova aquisição é recalculado o novo custo médio, ou seja, divide-se o novo saldo pela nova quantidade, informando o novo custo unitário. A tendência, dentro de um sistema inflacionário, é de que o novo custo médio unitário seja maior que os anteriores.

Em termos de custos, é interessante usar após a vírgula, no mínimo, nove casas para achar o custo unitário. Nos exemplos, a fim de facilitar o entendimento, serão utilizadas somente quatro casas após a vírgula.

Para confirmação, pode-se utilizar a fórmula do CMV.

$$\text{CMV} = \text{EI} + \text{C} + \text{FC} + \text{SEG} + \text{II} (-) \text{DC} (-) \text{EF}$$

EI – estoque inicial; **C** – compras; **FC** – frete sobre as compras; **SEG** – seguro sobre as compras; **II** – Imposto de Importação; **DC** – devolução de compras; **EF** – estoque final.

O Imposto sobre a Importação e outros impostos não recuperáveis, quando aplicável, farão parte do custo dos estoques.

A metodologia adequada é considerar compras como entrada e as devoluções de compra como redução das entradas. As vendas são consideradas como saída e as devoluções de vendas são consideradas como redução das saídas. A soma da coluna valor em saídas será o valor do CMV, CPV ou CSP.

A devolução de vendas é considerada na ficha de controle de estoques pelo custo da venda. O frete sobre as vendas não faz parte da ficha de controle de estoques, sendo considerada despesa comercial.

● EXEMPLO:

A Cia. Thaís Ltda. apresentou a seguinte movimentação no período:

1. 01/10/2X15 – Estoque inicial de 10 unidades ao custo unitário de R$ 100,00;
2. 02/10/2X15 – Compra de 10 unidades ao custo unitário de R$ 150,00;
3. 05/10/2X15 – Venda de 16 unidades por R$ 200,00 cada;
4. 06/10/2X15 – Compra de 10 unidades por R$ 100,00 com frete de R$ 810,00, por conta do comprador;
5. 07/10/2X15 – Venda de 12 unidades por R$ 250,00 cada;
6. 08/10/2X15 – Devolução de vendas de 2 unidades vendidas no dia 07/10/2X15.

A DRE – demonstração do resultado do exercício – pode começar a ser elaborada, porém, é necessária a elaboração da ficha de controle de estoques para apurar o custo da mercadoria vendida (CMV), em função do critério a ser utilizado: custo médio, PEPS ou UEPS (UEPS não é aceito pela fiscalização nem pelas normas contábeis). Na Figura 12.1, apresentam-se os dados da Cia. Thaís Ltda., conforme a MPM.

ESTOQUES E SUA IMPORTÂNCIA   **161**

CUSTO MÉDIO		ENTRADAS			SAÍDAS			SALDO		
Data	Hist.	quant.	c. unit.	valor	quant.	c. unit.	valor	quant.	c. unit.	valor
1 01/10/2X15	EI							10	100,0000	1.000,00
2 02/10/2X15	C	10	150,0000	1.500,00				20	125,0000	2.500,00
3 05/10/2X15	V				16	125,0000	2.000,00	4	125,0000	500,00
4 06/10/2X15	C + F	10	181,0000	1.810,00				14	165,0000	2.310,00
5 07/10/2X15	V				12	165,0000	1.980,00	2	165,0000	330,00
6 01/10/2X15	DV				– 2	165,0000	– 330,00	4	165,0000	660,00
Totais				**3.310,00**			**3.650,00**			

FIGURA 12.1   MODELO DE FICHA DE CONTROLE DE ESTOQUES (MÉTODO CUSTO MÉDIO) – CIA. THAÍS

Completando a DRE da Cia. Thaís Ltda., pelo método do custo médio, o **CMV** apurado foi de **R$ 3.650,00**, direcionando um lucro bruto/RCM de R$ 2.050,00.

DRE – demonstração do resultado do exercício – Cia. Thaís Ltda. em 08/10/2X15

Vendas ....R$ 6.200,00
(–) Devolução de vendas ....(R$ 500,00)
= Vendas líquidas ....R$ 5.700,00
(–) CMV – custo da mercadoria vendida........................R$ 3.650,00
  = RCM – resultado com mercadorias/lucro bruto ....R$ 2.050,00

É importante observar que a baixa do estoque, independentemente do método utilizado para controle do estoque, nunca é o preço de venda.

12.2.1.2 CONTROLE DE ESTOQUES PELO MÉTODO DO CUSTO PEPS

O método do custo **PEPS** – primeiro que entra, primeiro que sai – considera que as saídas das peças obedecerá à sequência de entrada. Portanto, ficam como saldo as últimas peças que entraram. Isso direciona, em um sistema inflacionário, o saldo de estoque com valor maior e menor valor para apuração do CMV – custo da mercadoria vendida, direcionando um lucro bruto maior, e aceito pela legislação tributária.

PEPS		ENTRADAS			SAÍDAS			SALDO		
Data	Hist.	quant.	c. unit.	valor	quant.	c. unit.	valor	quant.	c. unit.	valor
1	01/10/2X15	EI							10	100,0000	1.000,00
2	02/10/2X15	C	10	150,0000	1.500,00				10	100,0000	1.000,00
								10	150,0000	1.500,00
3	05/10/2X15	V				10	100,0000	1.000,00			
						6	150,0000	900,00	4	150,0000	600,00
4	06/10/2X15	C + F	10	181,0000	1.810,00				4	150,0000	600,00
								10	181,0000	1.810,00
5	07/10/2X15	V				4	150,0000	600,00			
						8	181,0000	1.448,00	2	181,0000	362,00
6	01/10/2X15	DV				– 2	181,0000	– 362,00	4	**181,0000**	**724,00**
	Totais				3.310,00			3.586,00			

FIGURA 12.2 MODELO DE FICHA DE CONTROLE DE ESTOQUES (MÉTODO PEPS) – CIA. THAÍS

12.2.1.3 CONTROLE DE ESTOQUES PELO MÉTODO DO CUSTO UEPS

O método do custo **UEPS** – último que entra, primeiro que sai – considera que **as saídas das peças obedecerá à sequência dos últimos que entraram,** ficando como saldo as primeiras que entraram. Isso direciona, em um sistema inflacionário, o saldo de estoque com valor menor e maior valor para apuração do CMV – custo da mercadoria vendida, direcionando um lucro bruto menor, o que não é aceito pela legislação tributária, e não está de acordo com os princípios de contabilidade nem de auditoria.

UEPS		ENTRADAS			SAÍDAS			SALDO		
Data	Hist.	quant.	c. unit.	valor	quant.	c. unit.	valor	quant.	c. unit.	valor
1	01/10/2X15	EI							10	100,0000	1.000,00
2	02/10/2X15	C	10	150,0000	1.500,00				10	100,0000	1.000,00
								10	150,0000	1.500,00
3	05/10/2X15	V				10	150,0000	1.500,00			
						6	100,0000	600,00	4	100,0000	400,00
4	06/10/2X15	C + F	10	181,0000	1.810,00				4	100,0000	400,00
								10	181,0000	1.810,00
5	07/10/2X15	V				10	181,0000	1.810,00			
						2	100,0000	200,00	2	100,0000	200,00
6	01/10/2X15	DV				– 2	100,0000	– 200,00	4	**100,0000**	**400,00**
	Totais				3.310,00			3.910,00			

FIGURA 12.3 MODELO DE FICHA DE CONTROLE DE ESTOQUES (MÉTODO UEPS) – CIA. THAÍS

ESTOQUES E SUA IMPORTÂNCIA **163**

Em termos de custo unitário, o ideal é utilizar, no mínimo, nove casas após a vírgula. Para facilitar o exemplo didático, foram utilizadas apenas quatro casas após a vírgula. Prováveis diferenças monetárias ocorrem em função de arredondamento.

Nos três métodos, pode-se utilizar a fórmula do CMV. Observe que o estoque inicial foi de R$ 1.000,00 e as compras mais os fretes totalizaram R$ 3.310,00, e somente o estoque final é diferente em função da metodologia utilizada.

> **CMV = EI + C + FC + SEG + II (–) DC (–) EF**

Resumo comparativo da Cia. Thaís Ltda.:

Custo médio:	**CMV** = 1.000,00 + 3.310,00 (–) 660,00 = **R$ 3.650,00** **LB = R$ 2.050,00**
PEPS:	**CMV** = 1.000,00 + 3.310,00 (–) 724,00 = **R$ 3.586,00** **LB = R$ 2.114,00**
UEPS:	**CMV** = 1.000,00 + 3.310,00 (–) 400,00 = **R$ 3.910,00** **LB = R$ 1.790,00**

12.2.2 REDUÇÃO AO VALOR RECUPERÁVEL DE ESTOQUES – *IMPAIRMENT*

Os estoques estão sujeitos à obsolescência, danos ou declínio de preços, e a entidade deverá estar atenta a essa análise ao final de cada período ou exercício.

Caso ocorra, deverá reconhecer a perda por redução ao valor recuperável – *impairment*,[3] procedendo aos ajustes contábeis que refletirão no ativo e também na conta de resultado.

Impairment, de acordo com o Apêndice Glossário de Termos da NBC TG 1.000, Resolução CFC 1.285/10:

> **Perdas por desvalorização (*impairment*):** valor contábil do ativo que excede (a) no caso de estoques, seu preço de venda menos o custo para completá-lo e despesa de vendê--lo ou (b) no caso de outros ativos, seu valor justo menos a despesa para a venda.

Em algumas circunstâncias, pode ocorrer a reversão da redução anterior.

Conforme o CPC – Pronunciamento 16, há uma regra básica para mensuração dos estoques: eles devem ser mensurados pelo valor de custo ou pelo valor realizável líquido, dos dois o menor.

---

[3] Tecnicamente, trata-se da redução do valor recuperável de um bem ativo.

164 CAPÍTULO 12

Nesse caso, o estoque deve ser avaliado pelo **valor realizável líquido**, que consiste no preço de venda estimado no curso normal dos negócios, deduzido dos custos estimados para sua conclusão e dos gastos estimados necessários para concretizar a venda.

O valor realizável líquido refere-se à quantia líquida que a entidade espera realizar com a venda do estoque no curso normal dos negócios.

> Os estoques devem ser mensurados pelo valor de custo ou pelo valor realizável líquido, dos dois o menor.

12.2.3 ESTOQUES RECONHECIDOS COMO DESPESA

Ao ocorrer as vendas, as entidades reconhecem o valor contábil desses estoques consumidos como despesa do período, compondo os já mencionados CMV, CPV ou CSP. Essa despesa estará diretamente relacionada à respectiva receita apurada.

12.2.4 ESTOQUES INCORPORANDO OUTROS ATIVOS

Alguns estoques podem ser utilizados para compor outros ativos. Pode ocorrer, por exemplo, que algumas placas de alumínio ou ferro, utilizadas normalmente na elaboração de produtos, sejam alocadas para a fabricação de estantes ou prateleiras, compondo, assim, um ativo imobilizado de fabricação própria.

12.2.5 DIVULGAÇÃO

A divulgação das demonstrações contábeis deve também fazer referência aos estoques da entidade movimentados no período, mencionando:

- **a.** o valor dos estoques reconhecidos como despesa;
- **b.** o saldo contábil por categoria de estoques;
- **c.** o método utilizado na avaliação dos estoques;
- **d.** prováveis ajustes por reconhecimento da redução ao valor recuperável, ou reversão realizada;
- **e.** valor contábil dos estoques dados como garantia.

12.3 ESTOQUES – ASPECTOS TRIBUTÁRIOS E CONTÁBEIS

> **Importante: os tributos não recuperáveis compõem o custo do material.**

ESTOQUES E SUA IMPORTÂNCIA **165**

● EXEMPLOS:

❯ Indústria compra matéria-prima com IPI, para fabricação de produto a ser vendido, porém, na saída, o produto fabricado não é tributado pelo IPI.
❯ Imposto sobre Importação.
❯ Empresa de serviços ou comercial que adquiriu produto com IPI.

> **Importante: os tributos recuperáveis não compõem o custo do material.**

● EXEMPLOS:

❯ Empresa comercial comprou com ICMS a mercadoria e irá vender, portanto irá recuperar o ICMS pago na aquisição.
❯ Indústria adquiriu matéria-prima, com IPI, para elaboração de um produto e irá recuperar o valor pago na venda.

Ao calcular o estoque, devem-se considerar os seguintes tributos e critérios:

12.3.1 ICMS – IMPOSTO SOBRE OPERAÇÕES RELATIVAS À CIRCULAÇÃO DE MERCADORIAS E SOBRE PRESTAÇÕES DE SERVIÇOS DE TRANSPORTE INTERESTADUAL E INTERMUNICIPAL E DE COMUNICAÇÃO (ESTADUAL)

No caso de ser incluso no preço, ou pago, não havendo recuperação fiscal, tal imposto deve integrar o custo de aquisição. Quando, todavia, o ICMS é fiscalmente recuperável, não deverá fazer parte dos estoques. Atualmente, deve-se prestar especial atenção à substituição tributária, sua complexidade e os custos envolvidos.

Atenção para a base de cálculo de ICMS, que, em alguns casos, pode ser o valor da mercadoria somado com o valor do IPI, dependendo do produto e do destinatário final.

● EXEMPLO
Compra de mercadoria em uma empresa comercial:

A seguir apresenta-se um exemplo para fins didáticos, mas observe que as alíquotas podem variar conforme produto, estado de origem, estado de destino e outras variáveis:

R$	1.000,00	Valor gasto (sai do caixa/banco ou contas a pagar)
R$	180,00	ICMS 18% incluso no valor da mercadoria
R$	820,00	Custo (valor do estoque). Na venda = CMV

12.3.2 IPI – IMPOSTO SOBRE PRODUTOS INDUSTRIALIZADOS (FEDERAL)

Conforme o princípio constitucional da não cumulatividade tributária, no caso de transação comercial entre **indústrias**, o IPI não faz parte do custo do produto. No caso, todavia, de a empresa ser o consumidor final do produto ou de não haver recuperação, o custo do item é o seu preço normal mais o IPI.

Para a empresa comercial, quando compra de empresa industrial, o IPI (Imposto sobre Produtos Industrializados) faz parte do custo de aquisição (a aquisição vai para os estoques com esse tributo). O comércio não recolhe IPI: por isso, o IPI, nesse caso, não é recuperável, tornando-se custo.

● **EXEMPLO**
Compra de produto por outra indústria:

Destaca-se, novamente, que as alíquotas variam conforme o caso.

R$	1.100,00	Valor gasto = valor total da nota fiscal (Caixa/contas a pagar)
R$	100,00	IPI de 10% sobre valor da mercadoria
R$	1.000,00	Valor da mercadoria (base de cálculo para o ICMS e IPI)
R$	180,00	ICMS 18% (incluso no valor da mercadoria)
R$	**820,00**	**Custo (valor do estoque).** Quando vendido = CMV

Nesse exemplo, o custo de estoque é de R$ 820,00, o ICMS a recuperar é de R$ 180,00 e o IPI a recuperar é de R$ 100,00. A soma, R$ 1.100,00, é o valor total que saiu do caixa ou que será pago (passivo). Existem casos em que o ICMS é calculado sobre o valor da mercadoria acrescido do IPI.

12.3.3 PIS – PROGRAMA DE INTEGRAÇÃO SOCIAL (FEDERAL) E COFINS – CONTRIBUIÇÃO PARA O FINANCIAMENTO DA SEGURIDADE SOCIAL (FEDERAL)

O PIS e a COFINS são inclusos no preço de aquisição e conforme o caso são recuperáveis. Todavia, mesmo se forem recuperáveis, o PIS e a COFINS não fazem parte do custo dos estoques.

12.3.4 II – IMPOSTO SOBRE IMPORTAÇÃO (FEDERAL)

Igualmente ao frete e seguro sobre compras, quando suportados pelo comprador, faz parte do custo do produto, pois não tem recuperação fiscal.

12.4 CRITÉRIO ALTERNATIVO DE AVALIAÇÃO DE ESTOQUES

Conforme o RIR/99, art. 296, se a escrituração do contribuinte não possibilitar a apuração de custo com base no sistema de contabilidade de custo integrado e coordenado com o restante da escrituração, os estoques deverão ser avaliados de acordo com o seguinte critério:

> **Produtos acabados**: 70% do maior preço de venda no período apurado (ano).
> **Produtos em processo**: 80% do valor dos produtos acabados, apurado conforme o item anterior (56% do valor total).
> **Matérias-primas**: 150% do custo das matérias-primas, pelos seus maiores valores pagos no ano.

12.5 ESTOQUES – INFORMAÇÕES COMPLEMENTARES

Todo gasto relacionado à elaboração de um produto, inclusive mão de obra e encargos sociais, deve fazer parte do custo dos estoques. Somente serão baixados da conta de estoques os produtos efetivamente vendidos, que irão compor o custo da mercadoria vendida/serviços prestados ou custo do produto vendido; as devoluções de compras e as perdas relacionadas à obsolescência ou de mercadorias e produtos que perderam a sua finalidade e ajustes de valor – *impairment*.

A convenção do conservadorismo[4] determina a avaliação dos ativos pelo menor valor, ou seja, custo ou mercado, o menor. A Lei nº 11.638/07, em seu art. 183, inciso VIII, prevê a constituição da provisão para redução de estoques e a Lei nº 11.941/09 introduz o termo **valor justo**,[5] no lugar de valor de mercado.

Os ajustes de valor justo (anteriormente denominado valor de mercado) ou de prováveis perdas poderão ser contabilizados em uma conta redutora, intitulada, por exemplo, **Perdas prováveis nos estoques**, evitando, assim, valorização irreal nos estoques, que poderá direcionar equívocos na apuração do lucro do período e na distribuição de dividendos.

As embalagens, os fretes sobre as compras, as despesas com seguros e, também, os impostos não compensáveis já mencionados incorporam o custo dos estoques.

---

[4] Os princípios e as convenções norteiam a contabilidade.
[5] CFC 1.285/10: **Valor justo.** Valor pelo qual um ativo pode ser trocado, um passivo liquidado, ou um instrumento patrimonial concedido, entre partes conhecedoras e dispostas a isso, em uma transação em que não haja relação de privilégio entre elas.

12.5.1 REGISTRO DE INVENTÁRIO

No Livro de Registro de Inventário devem constar todos os registros de estoques existentes ao término de cada ano-calendário, utilizado para contribuintes do ICMS (Imposto sobre a Circulação de Mercadorias e Serviços de Transporte Interestadual e Intermunicipal e Serviços de Comunicação de Qualquer Natureza), no caso de operações com mercadorias.

Portanto, ao final de cada exercício, devem ser relacionados as matérias-primas, os componentes, os produtos em processo, os materiais de embalagem, os produtos acabados, as mercadorias e demais itens estocáveis.

12.5.2 REGISTRO DE ENTRADAS, MODELO 1 OU 1-A

O Livro Registro de Entradas, modelo 1 ou 1-A, é destinado para escrituração dos documentos fiscais relativos às entradas de mercadorias ou bens e às aquisições de serviços de transporte e de comunicação efetuadas a qualquer título pelo estabelecimento, quando contribuinte do ICMS.

12.5.3 REGISTRO DOS SERVIÇOS PRESTADOS

O Livro Registro dos Serviços Prestados é destinado ao registro dos documentos fiscais relativos aos serviços prestados, portanto, só exigido para contribuintes do ISSQN (Imposto sobre Serviços de Qualquer Natureza – municipal).

12.5.4 REGISTRO DE SERVIÇOS TOMADOS

O Livro Registro de Serviços Tomados é destinado ao registro dos documentos fiscais relativos aos serviços tomados sujeitos ao ISSQN.

12.5.5 REGISTRO DE ENTRADA E SAÍDA DE SELO DE CONTROLE

O Livro de Registro de Entrada e Saída de Selo de Controle é exigido pela legislação do Imposto sobre Produtos Industrializados – IPI, portanto apenas para contribuintes desse tributo.

12.6 CONSIDERAÇÕES SOBRE O CAPÍTULO

Em relação à periodicidade, o controle do estoque pode ser periódico ou permanente.
Os métodos de avaliação dos estoques mais usuais são:

- ❯ PEPS: primeiro que entra, primeiro que sai;
- ❯ UEPS: último que entra, primeiro que sai;
- ❯ MPM: média ponderada móvel, também conhecida como custo médio.

ESTOQUES E SUA IMPORTÂNCIA **169**

O PEPS e a MPM são métodos autorizados pela legislação fiscal, e o UEPS é realizado apenas para controle gerencial.

O valor realizável líquido refere-se à quantia líquida que a entidade espera realizar com a venda do estoque no curso normal dos negócios.

Os estoques devem ser mensurados pelo valor de custo ou pelo valor realizável líquido, dos dois o menor.

As empresas devem dar uma atenção especial para os estoques e para as suas especificidades, como tributação, aspectos da empresa e do negócio, objetivos da gestão e outros.

Atualmente, todo o processo é eletrônico.

O fisco passará a exigir a partir de 2017 mais uma obrigação com a implantação do Bloco K, apertando mais o cerco. Com certeza, o processo trará complexidades em sua implantação, com custos adicionais às empresas industriais.

Informações adicionais disponíveis em: <http://www.confirp.com.br/bloco-k-do-sped--fiscal-2017/>. Acesso em: 12 jan. 2016.

12.7 EXERCÍCIOS

1. Leia as afirmações a seguir:
   I – São considerados estoques os bens mantidos para venda no curso normal dos negócios da empresa.

   II – Estoques podem ser bens em processo de produção para venda.

   III – Estoques podem ter serviços agregados.

   É possível afirmar que:
   a. ( ) Apenas a afirmação I é verdadeira.
   b. ( ) Apenas a afirmação II é verdadeira.
   c. ( ) Apenas as afirmações II e III são verdadeiras.
   d. ( ) Apenas as afirmações I e III são verdadeiras.
   e. ( ) Todas as afirmações são verdadeiras.

2. Assinale a alternativa que melhor define o valor realizável líquido:
   a. ( ) O custo histórico.
   b. ( ) O valor de mercado.
   c. ( ) A quantia líquida que a entidade espera realizar com a venda do estoque no curso normal dos negócios.
   d. ( ) O preço de venda.
   e. ( ) O valor de aquisição.

3. A **Cia. Eduardo Ltda.** comprou 500 peças para os estoques (supor sem impostos) no total de R$ 100.000,00. Teve receita de serviços de R$ 111.000,00 que serão recebidos daqui a 30 dias, sendo que foram empregadas 250 peças dos estoques.

170 CAPÍTULO 12

Em relação ao período, responda:

a. Qual o valor do CMV?

b. Qual foi o lucro líquido?

4. A fórmula para apuração do CMV, onde: **CMV** = custo da mercadoria vendida; **EI** = estoque inicial; **C** = compras; **DC** = devolução de compras; **FC** = frete sobre compras; **S** = seguro sobre a compra; **II** = Imposto de Importação; e **EF** = estoque final, pode ser mais bem definida pela equação:

a. ( ) CMV = EI + C

b. ( ) CMV = EI + C − DC

c. ( ) CMV = EI + C − DC + FC

d. ( ) CMV = EI + C − DC + FC + S + II − EF

e. ( ) Nenhuma das alternativas.

A **Comercial Odette** adquiriu 200 mercadorias, em agosto de 20X2, pelo valor total de R$ 50.000,00. Considere que vendeu 70% dessa aquisição por R$ 350,00 cada unidade. Nas compras houve incidência de 12% de ICMS, não tendo direito a crédito de PIS e COFINS nelas. Do total das vendas, metade foi à vista e metade foi a prazo. Sobre as vendas incidiram ICMS de 18%, PIS de 1,65% e COFINS de 7,60%. Conforme as informações da empresa, responda:

5. O ICMS a pagar (a recolher) será de:

a. ( ) R$ 2.000,00

b. ( ) R$ 4.200,00

c. ( ) R$ 2.820,00

d. ( ) R$ 6.300,00

e. ( ) Nenhuma das alternativas.

6. O estoque final será de:

a. ( ) R$ 13.200,00

b. ( ) R$ 44.000,00

c. ( ) R$ 220,00

d. ( ) R$ 15.000,00

e. ( ) R$ 60,00

7. Qual o total dos tributos sobre as vendas?

a. ( ) R$ 8.820,00

b. ( ) R$ 13.352,50

c. ( ) R$ 7.352,50

d. ( ) R$ 2.820,00

e. ( ) R$ 6.000,00

ESTOQUES E SUA IMPORTÂNCIA **171**

8. Qual o valor do CMV?
  a. ( ) R$ 50.000,00
  b. ( ) R$ 30.800,00
  c. ( ) R$ 44.000,00
  d. ( ) R$ 13.200,00
  e. ( ) R$ 140,00

9. Em fevereiro de 20X2 a empresa **Comercial Rafaela** adquiriu 250 mercadorias pelo valor unitário de R$ 500,00, com acréscimo de 5% de IPI, e com ICMS de 18% incluso apenas no valor da mercadoria (sem IPI). Na sequência, vendeu 241 unidades pelo valor unitário de R$ R$ 1.200,00. Calcule o CMV e o estoque final. Relembrar que empresa comercial não se credita tributariamente do IPI, sendo tal imposto parte do custo.

10. Continuando com o exemplo da empresa **Comercial Rafaela**, cujo ICMS incidente sobre as compras foi de 18% (operação dentro do Estado de São Paulo), calcular o ICMS a pagar, uma vez que a venda foi realizada para o Estado do Rio de Janeiro (Destino Região Sudeste = 12%).

11. A industrial **A. Gonzales** teve as seguintes operações no mês de abril de 20X2: compra de 900 m de tecido para confecção de blusas no valor total de R$ 50.000,00 + IPI de 15%. O ICMS sobre a compra é de 18%, incluso no valor da mercadoria, sem IPI. O seguro e o frete sobre a compra totalizaram R$ 1.000,00 sem a incidência de impostos.

No processo produtivo a indústria consumiu toda a matéria-prima e sem perdas no processo fabril. Supondo que a empresa tenha confeccionado 1.800 blusas e vendido 1.200 blusas por R$ 65,00 cada, sem IPI. Considerar sobre a venda ICMS de 12% e IPI de 10%.

Para facilitar o raciocínio, considerar que não houve PIS e COFINS nas compras nem nas vendas. Calcular:

  a. Custo unitário de compra
  b. CPV – custo do produto vendido
  c. ICMS a pagar
  d. Preencher a DRE a seguir:

DRE – demonstração do resultado do exercício – Indl. A. Gonzales

Faturamento Bruto com IPI	= R$ _____
(–) IPI	= R$ _____
(–) Tributos sobre vendas	= R$ _____
= Receita líquida de vendas	= R$ _____
(–) CPV	= R$ _____
= Lucro Bruto	= R$ _____

172 CAPÍTULO 12

12. A **Industrial Neide** pretende vender camisetas para o comércio. Os custos e as despesas, sem tributos, para a produção e venda de uma camiseta é R$ 24,00, o IPI é de 10%, o ICMS corresponde a 18% e o lucro esperado é R$ 16,00/unidade. Observe que o ICMS não incide sobre o IPI. Portanto, o preço unitário com os tributos deve ser:
   a. ( ) R$ 48,78
   b. ( ) R$ 53,66
   c. ( ) R$ 44,00
   d. ( ) R$ 26,40
   e. ( ) R$ 51,92

13. Questão 22 do Exame de Suficiência CFC 2011.1 (Técnico):

   22. Uma indústria adquiriu 2.000 componentes eletrônicos para fabricação de seus produtos, pagando por eles R$ 6.600,00. O frete de R$ 800,00 constante em Conhecimento anexo à Nota Fiscal foi pago pelo vendedor. Na Nota Fiscal de compra, observa-se que compõem o valor pago de R$ 6.600,00 o valor de IPI no montante de R$ 600,00 e o valor de ICMS no montante de R$ 1.080,00, ambos recuperáveis. O custo unitário de aquisição de cada componente é:
   a. R$ 2,86.
   b. R$ 2,46.
   c. R$ 3,30.
   d. R$ 2,06.

14. Questão 17 do Exame de Suficiência CFC 2012.1:

   17. De acordo com a Terminologia de Custos, julgue os itens abaixo, como Verdadeiros (V) ou Falsos (F) e, em seguida, assinale a opção **CORRETA**.
   I. Gargalo compreende um ponto da estrutura organizacional ou um recurso que limita as atividades operacionais.
   II. Margem de Segurança Operacional corresponde à quantidade de produtos ou receitas que uma empresa opera abaixo do ponto de equilíbrio.
   III. Produção em Série é um sistema produtivo no qual as empresas necessitam de um pedido formal do cliente. Os produtos não são padronizados, sendo produzidos de acordo com as características pedidas pelos clientes.
   IV. Rateio de Custo é a alocação dos custos aos objetos de custeio tendo por base um critério de rateio previamente definido.
   V. Sistema de Acumulação de Custos por Processo é o sistema de acumulação de custos utilizados pelas empresas que trabalham em produção em série. Consiste em acumular os custos em uma conta representativa de um centro de custos e dividi-los pela produção equivalente para obter o custo de uma unidade de produto.

   A sequência **CORRETA** é:
   a. V, F, F, V, V.

ESTOQUES E SUA IMPORTÂNCIA **173**

b. V, F, F, V, F.

c. F, F, F, V, V.

d. F, V, V, V, F.

15. Questão 25 do Exame de Suficiência CFC 2013.1 (Técnico):

25. Uma sociedade empresária do ramo de agronegócios adquiriu 20 toneladas de soja ao preço total de R$ 560.000,00 e incorreu nos seguintes gastos adicionais por tonelada:

➤ Frete = R$ 200,00

➤ Seguro = R$ 46,00

Com base nos dados acima e desconsiderando a incidência tributária, o valor a ser registrado na conta de Estoque é de:

a. R$ 555.080,00.

b. R$ 560.000,00.

c. R$ 564.000,00.

d. R$ 564.920,00.

16. Questão 39 do Exame de Suficiência CFC 2015.1:

39. Uma empresa está ingressando em um novo ramo de atuação e adquirindo, à vista, materiais para estocar.

No momento da aquisição desses novos materiais, o valor original da transação era de R$ 32.100,00; o valor realizável líquido era de R$ 32.500,00; o valor justo dos materiais era de R$ 31.900,00; e o valor de venda era de R$ 33.700,00.

De acordo com a Resolução CFC nº 750/93 e alterações posteriores, a transação deverá ser contabilizada pelo valor de:

a. R$ 31.900,00.

b. R$ 32.100,00.

c. R$ 32.500,00.

d. R$ 33.700,00.

17. Questão 16 do Exame de Suficiência CFC 2015.1 (Técnico):

16. Uma Sociedade Empresária apresentou os seguintes dados, extraídos de seu controle de estoque, referentes a uma mercadoria específica:

Data	Descrição	Quantidade	Valor Unitário
1º.12.2014	Saldo inicial	30.000 unidades	R$ 1,40
2.12.2014	Compras	20.000 unidades	R$ 1,50
31.12.2014	Saldo final	11.000 unidades	

O estoque é avaliado pela média ponderada fixa.

Com base nos dados informados, o Custo das Mercadorias Vendidas, no mês de dezembro, é de:

a. R$ 55.500,00.
b. R$ 56.050,00.
c. R$ 56.160,00.
d. R$ 56.600,00.

RESPOSTAS DOS EXERCÍCIOS

CAPÍTULO 1

1. **a.** (C) Gastos com mão de obra da produção.
    b. (C) Consumo de matéria-prima.
    c. (I) Compra de uma máquina.
    d. (C) Salário do encarregado da fábrica.
    e. (D) Depreciação de um computador utilizado no escritório da área da contabilidade de uma instituição de ensino.
    f. (D) Treinamento de funcionário administrativo.
    g. (I) Compra de um terreno.
    h (C) Consumo de estoque de produtos acabados para venda.
    i. (D) Depreciação de um veículo (área comercial).
    j. (D) Salário da área de vendas.
2. **c.**
3. **b.**
4. **R$ 61.667,00**
    CMV = EI + C + II + FC + S – DC – EF
    75.000,00 = 33.333,00 + X – 20.000,00
    X = 75.000,00 + 20.000,00 – 33.333,00
    X = 61.667,00
    Resposta: Compras = R$ 61.667,00
5. **b.** Lucro bruto R$ 6.125,00

DRE	
Vendas	18.500,00
(–) Tributos sobre as Vendas	– 2.775,00
= Receitas Líquidas	15.725,00
(–) CMV	– 9.600,00
Lucro Bruto	6.125,00

175

176 RESPOSTAS DOS EXERCÍCIOS

EI	6.250,00
+ Compras	16.000,00
(–) Créditos tributários sobre as compras	– 2.400,00
(–) Estoque Final de Mercadorias	– 10.250,00
= **CMV**	**9.600,00**

6. **d.** Custo primário R$ 74.200,00
   CUSTO DIRETO OU PRIMÁRIO = MP + MOD
   31.800,00 + 42.400,00 = 74.200,00
7. **d.** P, D e C, pois: PERDAS (anormal); DESPESAS (para obter receitas) e CUSTOS (recursos consumidos na produção).
8. **a.** Custo de transformação **R$ 302.000,00**

Aluguel de produção	56.000,00
Depreciação produção	38.000,00
MOD produção	100.000,00
Material requisitado Indireto	70.000,00
Seguro área de produção	38.000,00
Total	**302.000,00**

9. **a. EFPA** R$ 17.500,00

MP	25.000,00
MOD	20.000,00
GGF	15.000,00
CPP	**60.000,00**
+ EIPE	7.500,00
(–) EFPE	– 10.000,00
CPA	**57.500,00**
(–) CPV	– 40.000,00
= **EFPA**	**17.500,00**

10. **b.** Receita bruta R$ 390.000,00

DRE	
Vendas	**390.000,00**
(–) Tributos sobre as Vendas	
= Receitas Líquidas	390.000,00
(–) CMV	– 250.000,00
Lucro Bruto	140.000,00

RESPOSTAS DOS EXERCÍCIOS **177**

11. **b.** Estoque final = R$ 50,40 e CMV = R$ 201,60
Compras de 60 u. + 90 u. = 150 u. Se o estoque final é de 20% das compras = 30 u.
Então, as vendas foram de 120 unidades.
O custo unitário é de R$ 1,68, uma vez que o total das compras é de R$ 252,00.
Custo unitário = 60 u. × R$ 1,50 + 90 u. × R$ 1,80 = R$ 252,00 / 150 u. = R$ 1,68
CMV = 120 u. × R$ 1,68 = **R$ 201,60**
Estoque final = 30 u. × R$ 1,68 = 50,40

12. **d.** Buscar a sustentabilidade consiste, entre outros aspectos, em aumentar a eficiência do negócio, buscar uma produção mais limpa, sem desperdícios e um ambiente com ecoeficiência, com base na sustentabilidade financeira e econômica, social e ambiental. Manter modelos tradicionais, como propõe a última premissa, representa não buscar a sustentabilidade e manter processos atrasados de produção.

CAPÍTULO 2

Estudo de caso

1. É aplicável e adequado para suprir os custos de locomoção e de mão de obra, porém, se outra empresa técnica não cobrar essa visita, a Cia. Gilda poderá perder essa oportunidade de negócio.

2. O tempo de mão de obra e o custo da locomoção. E, caso o cliente não aceite o orçamento proposto, o tempo que ficou nesse cliente poderá resultar na perda de atendimento de outro cliente.

3. Praticamente todos os prestadores de serviços, principalmente os relacionados a manutenção e conservação, por exemplo, de máquinas de lavar e secar roupas, geladeiras, portas e portões, janelas, telhados, encanamentos, calhas etc.

Atividades

1. Solução proposta inicial: feijão; arroz; diversas carnes de porco (custos diferenciados); farofa; temperos; azeites; pães; e outros.
Observa-se que o raciocínio deverá ser ampliado, buscando outros custos e despesas, por exemplo, aluguel ou depreciação do imóvel (manutenções); toalhas de mesa (depreciação e lavagem); guardanapos; saleiros e outros; depreciação das cadeiras e mesas; ventiladores e ar-condicionado (consumo de energia elétrica, depreciação e manutenção); mão de obra dos garçons, do cozinheiro e demais auxiliares; encargos sociais, férias, 13º salário e outros; materiais de limpeza e higiene (geral); desgaste dos utensílios, do fogão etc. (depreciação); consumo de luz, água e gás; taxas e impostos municipais, estaduais e federais; locação da máquina de cartão de crédito, bobinas de papel, linha telefônica e outros.
Essa atividade poderá elencar mais de cem itens. Para formar o preço de venda e calcular a margem de lucratividade, é necessário conhecer todos os custos e despesas

178 RESPOSTAS DOS EXERCÍCIOS

envolvidos, além de inúmeras outras variáveis, para que o empreendimento tenha sucesso e continuidade.

2. Diversas atividades, por exemplo, o comércio e a indústria de forma geral, bem como os prestadores de serviços, entre eles pode-se elencar alguns: cabeleireiros, lavagem de veículos, lavanderias, hotéis, escolas, dentistas, *pet shops*, veterinários, pintores de prédios e residências, pedreiros, marceneiros, gesseiros, escritórios de contabilidade, advogados, auditorias, consultorias, hospitais, médicos, alfaiates, montadoras de veículos, cemitérios, crematórios, agricultura, manutenção de automóveis e motos etc.

3. As despesas financeiras normalmente estão relacionadas às tarifas bancárias das instituições financeiras, por exemplo, as tarifas para fornecimento de cheques, ficha cadastral, emissão de cheques com valor menor ou maior do que o estipulado, transferências interbancárias, chamadas de TED (transferência eletrônica disponível) ou DOC (documento de ordem de crédito), cheque especial, manutenção de conta ativa ou inativa, extratos, saques, contraordem (ou revogação) e oposição (ou sustação) ao pagamento de cheques, cheque administrativo, depósito identificado, cobertura de saldo devedor, tarifa de cheque sem fundos, carta de crédito, contrato de câmbio, ordem de pagamento, taxa de permanência cambial vencida, comissão de abertura de crédito, IOF – Imposto sobre Operações Financeiras, emissão de cartão de crédito e de conta corrente, cobrança de títulos e boletos, juros de mora, CPMF – Contribuição Provisória sobre Movimentação Financeira – (se for o caso) e demais comissões e tarifas bancárias.

4. O custo de aquisição dos estoques compreende o preço de compra, os impostos de importação e outros tributos (exceto os recuperáveis junto ao fisco), bem como os custos de transporte (fretes), seguros, armazenagem, manuseio e outros diretamente atribuíveis à aquisição de produtos acabados, materiais e serviços.

Exercícios

1. **a. V**
   b. F
   c. V
2. Lucro bruto: R$ 4.725,00.

Matéria-prima	10.000,00
Mão de obra	5.000,00
Energia elétrica	2.000,00
Custo	17.000,00
Unidades produzidas	16
Custo unitário	1.062,50

Vendas	14	1.400,00
Total das Vendas		19.600,00
(–) CPV		– 14.875,00
= Lucro Bruto		**4.725,00**

RESPOSTAS DOS EXERCÍCIOS **179**

3. Lucro bruto: R$ 2.100,00.

Custo	20.000,00	Total das Vendas	19.600,00
Unidades produzidas	16	(–) CPV	– 17.500,00
Custo unitário	1.250,00	**= Lucro Bruto**	**2.100,00**

4. CPP = R$ 470.000,00;   CPA = R$ 520.000,00;   CPV = R$ 460.000,00.

Matéria prima – EI	40.000,00	CPP			
+ compras de MP	200.000,00	Mat. Dir. consumido	240.000,00	EIPE	50.000,00
Custo do Material Direto	240.000,00	+ MOD	150.000,00	+ Custo prod. mês	470.000,00
(–) Estoque Final de MP	–	+ CIP	80.000,00	**= Custo Prod. Acab.**	**520.000,00**
Material direto consumido	240.000,00	**= Custo prod. Mês**	**470.000,00**	(–) EFPE	–
	–			**= Custo prod. Acab**	**520.000,00**
				(–) EFPA	– 60.000,00
				= CPV	**460.000,00**

5. **d.** 67 dias Ciclo operacional = Momento da compra até o recebimento da venda.

6. **a.** = V **b.** = V **c.** = V. Ciclo econômico: vai desde a aquisição dos produtos até o ato da venda; ciclo operacional: desde a compra até o recebimento da venda; ciclo financeiro: o tempo entre o pagamento a fornecedores e o recebimento das vendas.

7. **a.** 4, 5, 1, 3, 2. Indireto; controlável; fixo; direto; variável.

8. **b.** R$ 480.000,00 e R$ 78.000,00. Unidades concluídas = 1.200 u. (1.500 (–) 300); percentual de conclusão do processo = 65% portanto, 65% de 300 = 195 u. + 1.200 u. = 1.395 u. Custo total da produção = R$ 558.000,00 / 1.395 = R$ 400,00 cada unidade. 1.200 u. × R$ 400,00 = R$ 480.000,00 e 195 u. × R$ 400,00 = R$ 78.000,00.

9. **b.** 2, 3, 1.

CAPÍTULO 3

1. **e.**
2. **b.**
3. **b.**

180 RESPOSTAS DOS EXERCÍCIOS

4.

Vendas	4.800.000,00	8.400.000,00	8.400.000,00	8.400.000,00	**30.000.000,00**
(–) **CPV**	– 2.152.000,00	– 3.850.000,00	– 3.833.200,00	– 3.850.622,22	**–13.685.822,22**
Lucro	2.648.000,00	4.550.000,00	4.566.800,00	4.549.377,78	**16.314.177,78**
Estoque Final	3.228.000,00	**1.650.000,00**	**1.642.800,00**	**1.100.177,78**	

Estoque Inicial	–	3.228.000,00	1.650.000,00	1.642.800,00
CPP	5.380.000,00	2.272.000,00	3.826.000,00	3.308.000,00
CPA	**5.380.000,00**	**5.500.000,00**	**5.476.000,00**	**4.950.800,00**
Custo Unitário médio	53,8000	55,0000	54,7600	55,0089
CPV	– 2.152.000,00	– 3.850.000,00	– 3.833.200,00	– 3.850.622,22
Estoque Final	3.228.000,00	1.650.000,00	1.642.800,00	1.100.177,78

Estoques acabados	100.000,00	100.000,00	100.000,00	90.000,00
(antes das vendas)				

Período	Produção Un.	Vendas	Saldo	R$
Ano 1	100.000	40.000	60.000	3.228.000,00
Ano 2	40.000	70.000	30.000	1.650.000,00
Ano 3	70.000	70.000	30.000	1.642.800,00
Ano 4	60.000	70.000	20.000	1.100.177,78

5. Muitos entendem que não, pois essa forma de contabilizar impacta nos resultados e, se a empresa tiver em seus estoques peças produzidas em meses anteriores que ainda não foram vendidas, há superavaliação dos estoques. O mesmo ocorre no caso de mercadorias adquiridas em meses anteriores. Essa superavaliação reduz o CPV ou o CMV do mês atual, impactando diretamente nos resultados. Outros entendem que, pelo princípio da realização da receita, os custos somente devem ser reconhecidos quando efetivamente ocorrerem as receitas, uma vez que os custos foram apropriados quando ocorreram as atividades que agregaram custos e valor aos estoques.

RESPOSTAS DOS EXERCÍCIOS **181**

Esquema para as questões de 6 a 11:

PV R$		42,00	**Empresa Novos Tempos**	

R$ 1,00	X1	X2	X3	**Total**
Vendas	1.218.000,00	1.617.000,00	2.280.600,00	**5.115.600,00**
(–) CPV	– 908.666,67	– 1.118.691,06	– 1.491.150,00	**– 3.518.507,73**
Lucro	309.333,33	498.308,94	789.450,00	**1.597.092,27**

		X1	X2	X3	
EI			–	31.333,33	72.642,27
CPP		940.000,00	1.160.000,00	1.424.000,00	
CPA		940.000,00	1.191.333,33	1.496.642,27	
CPV		– 908.666,67	– 1.118.691,06	– 1.491.150,00	custo unitário
EF R$		31.333,33	72.642,27	**5.492,27**	27,4613

Período	Produção – Unidades	Saldo	Vendas	Saldo unid.
X1	30.000	30.000	29.000	1.000
X2	40.000	41.000	38.500	2.500
X3	52.000	54.500	54.300	200

MP	22,00
Total	**22,00**
Custo Fixo	280.000,00

Observação: podem ocorrer diferenças de centavos, em virtude de arredondamento.

6. **c.**
7. **a.**
8. **e.**
9. **a.**
10. **b.**
11. **b.**
12. **b.** R$ 22.000,00
Estoque inicial de matéria-prima = R$ 0,00; + compra de MP = R$ 37.600,00; (–) estoque final de matéria-prima = R$ 15.600,00. Matéria-prima consumida: **R$ 22.000,00**.

182 RESPOSTAS DOS EXERCÍCIOS

13. a. R$ 7,25

	horas	R$			
TOTAL DO CIF		15.000,00			
A	3.000	4.500,00	30%		
B	7.000	10.500,00	70%		
	10.000				

	unidades	5,00 custo variável	CIF rateio	total	custo unitário
A	2.000	10.000,00	4.500,00	14.500,00	**7,25**
B	2.000	10.000,00	10.500,00	20.500,00	10,25
Total		20.000,00	15.000,00	35.000,00	

14. c. CPV = R$ 57.058,00

MP consumida	EI + C (–) EF = 0 + 56.400,00 (–) 23.500,00	**32.900,00**
+ MOD		28.200,00
+ CIF		33.934,00
(–) Estoque final de produtos acabados		– 37.976,00
= CPV Custo do Produto Vendido		**57.058,00**

15. b. L.B = R$ 290,000,00

Vendas	10.000	60,00	600.000,00
(–) custo variável	10.000	– 12,00	– 120.000,00
(–) Custo Fixo Total			– 190.000,00
Lucro Bruto			**290.000,00**

16. b. CPV = R$ 5.838,00

Compra MP	**15.000,00**	
+ frete sobre compra	400,00	
=	15.400,00	
consumo MP	**– 7.700,00**	
= EF MP	7.700,00	**50%**

consumo MP	7.700,00	
+ MOD	1.800,00	
+ Deprec. Fábrica CIF	230,00	
Custo da produção	9.730,00	
CPV	**– 5.838,00**	**60%**

RESPOSTAS DOS EXERCÍCIOS **183**

17. c. EF e RLM = R$ 2.000,00 e 1.500,00

CFT	5.000,00		
unidades produzidas	200		
custo unitário fixo	25,00		
custo variável unitário	15,00		
custo total unitário	**40,00**	200	8.000,00
Estoque final	**50**	**40,00**	**2.000,00**

quantidade vendida

	150	**50,00**	**7.500,00**	
	150	25,00	3.750,00	
	150	15,00	2.250,00	custo variável
Total dos custos			**6.000,00**	

Lucro =		**1.500,00**	

18. b. Custo de produção de A = R$ 154.000,00

	A		**B**		
Custo direto	**110.000,00**	55,00%	90.000,00	45,00%	200.000,00
CIF					
80.000,00	**44.000,00**		36.000,00		
	154.000,00				

19. b. Custo total do produto de A = R$ 252.000,00

	A		**B**		
Materiais diretos	**60.000,00**		140.000,00		200.000,00
MOD	**120.000,00**		80.000,00		200.000,00
Total custo direto	**180.000,00**	45,00%	220.000,00	55,00%	400.000,00
CIF					
160.000,00	**72.000,00**		88,000,00		
	252.000,00				

184 RESPOSTAS DOS EXERCÍCIOS

20. a. Custo total do produto de A = R$ 8.800,00

	A		B		
MP consumida	**1.800,00**	60,00%	1.200,00	40,00%	3.000,00
MOD	**1.000,00**		1.000,00		2.000,00
Total custo direto	**2.800,00**	56,00%	2.200,00	44,00%	5.000,00
					7.000,00
CIF					
10.000,00	**6.000,00**		4.000,00		
	8.800,00				
unidades produzidas	4.000		12.000		16.000

21. a. Custos unitários dos produtos X e Y respectivamente = R$ 24,00 e R$ 42,00

	X		Y		
MP consumida	8.000,00		10.000,00		18.000,00
MOD	6.000,00		6.000,00		12.000,00
Total custo direto	**14.000,00**		**16.000,00**		**30.000,00**
					42.000,00
CIF					
15.000,00	10.000,00		5.000,00		15.000,00
	24.000,00		21.000,00		45.000,00
unidades produzidas	1.000	**66,67%**	500	**33,33%**	1.500
Custo unitário	**24,00**		**42,00**		

22. c. R$ 18,00

Custo total = R$ 1.000.000,00, que equivale a 50.000 unidades.

Custo Variável = 50.000 u. × R$ 8,00 = R$ 400.000,00.

Portanto, Custo Fixo Total + Despesa Fixa Total = R$ 600.000,00.

Aumento de 20% na produção.

60.000 u. × R$ 8,00 = R$ 480.000,00 + CDFT R$ 600.000,00 = R$ 1.080.000,00.

Custo unitário de produção = R$ 1.080.000,00/60.000 unidades = R$ 18,00.

CAPÍTULO 4

1. **b.**
2. **d.**
3. **d.**

RESPOSTAS DOS EXERCÍCIOS **185**

4. **Custeio variável** é o método de custeio em que são alocados aos produtos ofertados/produzidos/elaborados apenas os custos e as despesas variáveis.

5.

Empresa Maria Maria

Período	Produção – Unidades	Vendas	Saldo	MP	51,00
Ano 1	100.000	40.000	60.000	Componentes	0,80
Ano 2	40.000	70.000	30.000	**Total**	**51,80**
Ano 3	70.000	70.000	30.000	Custo Fixo	200.000,00
Ano 4	60.000	70.000	20.000	PV	120,00

R$ 1,00	Ano 1	Ano 2	Ano 3	Ano 4	Total
Vendas	4.800.000,00	8.400.000,00	8.400.000,00	8.400.000,00	**30.000.000,00**
(–) CPV	– 2.072.000,00	– 3.626.000,00	– 3.626.000,00	– 3.626.000,00	**– 12.950.000,00**
Margem	2.728.000,00	4.774.000,00	4.774.000,00	4.774.000,00	**17.050.000,00**
Custo Fixo	– 200.000,00	– 200.000,00	– 200.000,00	– 200.000,00	**– 800.000,00**
Lucro	2.528.000,00	4.574.000,00	4.574.000,00	4.574.000,00	**16.250.000,00**
Estoque Final	3.108.000,00	1.554.000,00	1.554.000,00	**1.036.000,00**	

EI	–	3.108.000,00	1.554.000,00	1.554.000,00	
CPA	5.180.000,00	2.072.000,00	3.626.000,00	3.108.000,00	
CPV	– 2.072.000,00	– 3.626.000,00	– 3.626.000,00	– 3.626.000,00	
EF R$	3.108.000,00	1.554.000,00	1.554.000,00	1.036.000,00	

PV R$	42,00		**Novos Tempos Ltda.**		
Período	Produção – Unidades	Vendas	Saldo unid.	MP	22,00
X1	30.000	29.000	1.000	**Total**	**22,00**
X2	40.000	38.500	2.500	Custo Fixo	280.000,00
X3	52.000	54.300	200		

Para as questões de 6 a 11:

R$ 1,00	X1	X2	X3	Total
Vendas	1.218.000,00	1.617.000,00	2.280.600,00	**5.115.600,00**
(–) CPV	– 638.000,00	– 847.000,00	– 1.194.600,00	**– 2.679.600,00**
Margem	580.000,00	770.000,00	1.086.000,00	**2.436.000,00**
Custo Fixo	– 280.000,00	– 280.000,00	– 280.000,00	– 840.000,00
Lucro	300.000,00	490.000,00	806.000,00	**1.596.000,00**
Estoque Final	3.108.000	1.554.000	1.554.000	

EI	–	22.000,00	55.000,00
CPA	660.000,00	880.000,00	1.144.000,00
CPV	– 638.000,00	– 847.000,00	– 1.194.600,00
EF R$	22.000,00	55.000,00	**4.400,00**

186 RESPOSTAS DOS EXERCÍCIOS

6. **e.** 200 u.
7. **c.** R$ 4.400,00
8. **e.** R$ 5.115.600,00
9. **a.** R$ 2.679.600,00
10. **b.** R$ 1.596.000,00
11. **c.**
12. **d.** [3, 4, 1, 2] **ABC** = Direcionadores; **Absorção** = Todos os custos de produção; **Variáveis** = só os variáveis; **Pleno/RKW** = Rateia os custos e despesas, inclusive as financeiras.
13. **c.** R$ 20.000,00 e R$ 8.000,00. Veja:

PV R$	120,00
Período	Produção – un.
X1	600

		Vendas	Saldo unid.
		400	200

CUSTEIO POR ABSORÇÃO

MP consumida	12.000,00
MOD	–
Total custo direto	12.000,00
CIF	18.000,00
	30.000,00
unidades produzidas	600
Custo unitário	50,00

CUSTEIO VARIÁVEL

Custo variável un.	20,00
Total	20,00
Custo Fixo	18.000,00
Despesa Variável un.	2,00

CPV
20.000,00

CPV
8.000,00

R$ 1,00	X1
Vendas	48.000,00
(–) CPV	**– 20.000,00**
(–) Desp. Var.	– 800,00
Lucro	27.200,00
Estoque Final	10.000,00

R$ 1,00	X1
Vendas	48.000,00
(–) CPV	**– 8.000,00**
(–) Desp. Variáveis	– 800,00
Margem	39.200,00
Custo Fixo	– 18.000,00
Lucro	21.200,00
Estoque Final	4.000,00

14. **b.** Receita de vendas = Preço de venda por unidade x Volume mensal de vendas
Receita de vendas = 10 un. × R$ 30.000,00 = R$ 300.000,00
I) A conforme o método de custeio por absorção:

Custo de produção no período = Custos fixos por mês + Custos variáveis de produção
CPP = R$ 50.000,00 + (R$ 2,00 × 50.000 unidades) = R$ 150.000,00
Custo total de produção dividido pela quantidade produzida = Custo unitário = R$ 3,00
Custo da produção do período vendida = CPV = R$ 3,00 × 30.000 unidades = R$ 90.000,00
Lucro mensal = Receita de vendas – Custo de produção no período – Despesas variáveis
Lucro mensal = R$ 300.000,00 – R$ 90.000,00 – R$ 60.000,00 = R$ 150.000,00
Relembrando: CPP = Materiais diretos consumidos + MOD + CIF
Como não foi informado sobre estoques em processo, o **CPA** (custo da produção acabada) será igual ao CPP. Então CPP = R$ 100.000,00 (MD) + R$ 50.000,00 de custos fixos (CIF).
Não existiam estoques iniciais de produtos acabados, mas existiu estoque final de produtos acabados = 20.000 unidades, que é a produção em unidades menos o estoque final de unidades, que, multiplicado por R$ 3,00 (custo unitário de produção), é igual a R$ 60.000,00
CPV = EIPA (estoque inicial de produtos acabados) = zero, mais CPA = R$ 150.000,00 menos o EFPA (estoque final de produtos acabados) = R$ 60.000,00, resultando em R$ 90.000,00.
Lucro conforme o custeio por absorção

Vendas =	R$ 300.000,00
CPV =	(R$ 90.000,00)
Despesas =	(R$ 60.000,00)
Lucro =	R$ 150.000,00

II) Conforme o método de custeio variável
Custos Variáveis de Produção = R$ 2,00 × 30.000 unidades = R$ 60.000,00
Lucro Mensal = Receita de Vendas – Custos Variáveis das Unidades Vendidas – Despesas Variáveis das unidades Vendidas – Custos Fixos por Mês
Lucro Mensal = R$ 300.000,00 – R$ 60.000,00 – R$ 60.000,00 – R$ 50.000,00 = R$ 130.000,00.
Lucro conforme o Custeio Variável

Vendas =	R$ 300.000,00
Custos Variáveis =	(R$ 60.000,00)
Despesas Variáveis =	(R$ 60.000,00)
Custos Fixos por mês =	(R$ 50.000,00)
Lucro =	R$ 130.000,00

CAPÍTULO 5

1. **d.**
2. **c.**

188 RESPOSTAS DOS EXERCÍCIOS

3. **b.**

4. **a.**

5.

Perguntas:

a. Custo unitário do corte de peças = R$ 89.000,00 / 9.800 = R$ 9,0816

b. Custo unitário da pintura de peças = R$ 125.000,00 / 9.500 = R$ 13,1579

c. Custo unitário de produção = R$ 30,00 + R$ 9.0816 + R$ 13.1579 = aproximadamente R$ 52.2395

d. Custo dos produtos acabados = R$ 52,24 × 9.500 = R$ 496.275,51

	Corte	Concluídas	Pintura	Variável Unitário	TOTAL UNITÁRIO DE PRODUÇÃO
unidades	10.000	9.800	9.500		
Custos do período		89.000,00	125.000,00		
Custo unitário		**9,0816**	**13,1579**	**30,00**	**52,2395**

Produção acabada	9.500
Total unitário	52,2395
Custo dos produtos acabados	**496.275,51**

6. **a.** R$ 66.750,00 e R$ 102.250,00

Produto	Mat. Diretos	MOD	Pedidos de alterações de engenharia		Quilowatt-hora	
A	R$ 22.000,00	R$ 8.000,00	15	37,50%	7.000	35,00%
B	R$ 28.000,00	R$ 12.000,00	25	62,50%	13.000	65,00%
Total	**R$ 50.000,00**	**R$ 20.000,00**	**40**	**100%**	**20.000**	**100%**

Atividades	Direcionador de Custo	
Realizar engenharia	Pedidos de alterações de engenharia	84.000,00
Energizar	Quilowatt-hora	15.000,00
		99.000,00

CUSTEIO ABC – Solução proposta

Total	Mat. Diretos	MOD	Engenharia		Energizar	
R$ 66.750,00	R$ 22.000,00	R$ 8.000,00	R$ 31.500,00	A	R$ 5.250,00	A
R$ 102.250,00	R$ 28.000,00	R$ 12.000,00	R$ 52.500,00	B	R$ 9.750,00	B
R$ 169.000,00	**R$ 50.000,00**	**R$ 20.000,00**	**R$ 84.000,00**		**R$ 15.000,00**	

RESPOSTAS DOS EXERCÍCIOS **189**

CAPÍTULO 6

1. c.
2. e.
3. c.
4. Custo padrão consiste em atribuir um custo considerado "ideal", conforme análise de um processo produtivo ou de oferta de um serviço, a fim de utilizar essa informação para a análise gerencial, o acompanhamento e o controle.
5.

Dados da utilização da matéria-prima mensal

Matéria-prima	Padrão	Real	Variação
1	100 kg × R$ 10,00 = R$ 1.000,00	100 kg × R$ 18,00 = R$ 1.800,00	R$ 800,00 D
2	2 kg × R$ 105,00 = R$ 210,00	2,5 kg × R$ 106,00 = R$ 265,00	R$ 55,00 D

Dados da variação da mão de obra mensal

Tarefas	Padrão	Real	Variação
1	80 horas × R$ 22,00 = R$ 1.760,00	150 horas × R$ 22,00 = R$ 3.300,00	R$ 1.540,00 D
2	8 horas × R$ 15,00 = R$ 120,00	8 horas × R$ 15,00 = R$ 120,00	0

Dados da fabricação mensal

	Padrão	Real	Variação
Matéria-prima total	R$ 1.210,00	R$ 2.065,00	R$ 855,00 D
Mão de obra direta	R$ 1.880,00	R$ 3.420,00	R$ 1.540,00 D
	R$ 3.090,00	R$ 5.485,00	

Variações

Variação da matéria-prima 1	Variação da MOD 1
Variação da quantidade: não houve Variação do custo: R$ 8,00 × 100 = R$ 800,00 D Variação mista: não houve Total da variação: R$ 800,00 D	Variação da quantidade: 70 × R$ 22 = R$ 1.540,00 D Variação do custo: não houve Variação mista: não houve Total da variação: R$ 1.540,00 D
Variação da matéria-prima 2	**Variação da MOD 2**
Variação da quantidade: 0,5 × 105 = R$ 52,50 D Variação do custo: 2 × R$ 1,00 = R$ 2,00 D Variação mista: 0,5 × R$ 1,00 = R$ 0,50 D Total da variação: R$ 55,00 D	Variação da quantidade: não houve Variação do custo: não houve Variação mista: não houve Total da variação: não houve
Total da variação = 800 + 55 + 1.540 + 0 = R$ 2.395,00	

190 RESPOSTAS DOS EXERCÍCIOS

   a. R$ 3.090,00
   b. R$ 5.485,00
   c. Não é verdade, pois como se pode observar não houve variação do custo da mão de obra. Os principais problemas são a variação do número de horas de trabalho da mão de obra 1 e a variação do custo da MP.

6.

	Padrão			Real			Diferença	
	Quantidade	Unidade ($)	Total (R$)	Quantidade	Unidade ($)	Total ($)	$	%
Matéria-prima A (kg)	500	2,50	1.250,00	550	2,60	1.430,00	180,00	14%
Matéria-prima B (unidades)	900	5,00	4.500,00	1.200	7,00	8.400,00	3.900,00	87%
Componentes (unidades)	1.800	0,75	1.350,00	1815	0,76	1.379,40	29,40	2%
MOD com encargos (hora)	450	15,00	6.750,00	492	16,50	8.118,00	1.368,00	20%
Total			13.850,00			19.327,40	5.477,40	40%

	Padrão	Real	Diferença	
	R$	R$	R$	%
Aluguel	2.000,00	2.000,00	–	0%
Salário de encarregado com encargos	4.500,00	5.000,00	500,00	11%
Despesas administrativas	2.000,00	2.200,00	200,00	10%
Custos adicionais	2.750,00	3.000,00	250,00	9%
Total	11.250,00	12.200,00	950,00	8%

a.

	Padrão R$	Real R$
a) Qual o Custo Total do Período?	25.100,00	31.527,40
b) Qual o Custo Unitário do Período?	15,39	21,47
c) O Custo Total foi superavitário ou deficitário? Em quanto?		– (6.427,40)
d) O Custo Unitário foi superavitário ou deficitário? Em quanto?		– (6,09)

   b. Dedicação especial em relação à quantidade e ao preço da matéria-prima B que teve a diferença de R$ 3.900,00. Em seguida, também merece atenção a MOD com encargos (hora) com diferença de R$ 1.368,00.

7.   **b.** 51,59% e 41,80%

Produto	Receita Total	Rateio %	Material + transformação	Pedidos de alterações de engenharia	MCT 1 (– 2 e 3)	MC %
Chapas	R$ 252.000,00	40,00%	R$ 72.000,00	50.000,00	R$ 130.000,00	51,59%
Vigas	R$ 378.000,00	60,00%	R$ 108.000,00	112.000,00	R$ 158.000,00	41,80%
Total	R$ 630.000,00		R$ 180.000,00	162.000,00	R$ 288.000,00	

CAPÍTULO 7

1. d.

2. e.

3. **a.** 25.000 + 8.495 = **R$ 33.495,00**
   b. 33.495 / 80 = **R$ 418,69**
   c. 42.595,00 / 0,77 = **R$ 55.188,31** (100% (–) 20% (–) 3%)
   d. Preço de venda por hora = 55.188,31 / 80 = **R$ 689,85**
   e. Impostos sobre as vendas por hora = (55.188,31 × 0,03) / 80 = **R$ 20,70**
   f. Impostos sobre as vendas = 55.188,31 × 0,03 = **R$ 1.655,65**
   g. Margem por hora = R$ 11.037,66/80 = **R$ 137,97**
   h. Margem total = **R$ 11.037,66** (80 × R$ 137,97)

4. **c.** Margem de Contribuição Unitária de **R$ 450,00**.

Custo Variável	R$ 27.000.000,00	unidades
Custo Variável Unitário c.v.u.	R$ 750,00	36.000

PV Preço de Venda	R$ 1.200,00
(–) CDVu	– R$ 750,00
= Margem de Contrib. Unitária	R$ 450,00

5. **a.** Margem de Contribuição = Receita (–) Custo Variável (–) Despesa Variável

Produtos	Quant. Produzida	Quant. Vendida	Preço de Venda Unitário	Receita Total de Vendas
A	1.200	1.100	R$ 40,00	R$ 44.000,00
B	750	500	R$ 70,00	R$ 35.000,00
C	5.200	5.200	R$ 13,00	R$ 67.600,00
				R$ 146.600,00

Custo Variável Total	Custo Variável Unitário	Custo Variável Total Vendas	Despesas Variáveis 5%	Margem de Contribuição Total
R$ 20.160,00	R$ 16,80	R$ 18.480,00	R$ 2.200,00	R$ 23.320,00
R$ 33.000,00	R$ 44,00	R$ 22.000,00	R$ 1.750,00	R$ 11.250,00
R$ 33.280,00	R$ 6,40	R$ 33.280,00	R$ 3.380,00	R$ 30.940,00
		R$ 73.760,00		R$ 65.510,00

192 RESPOSTAS DOS EXERCÍCIOS

6. **b.** R$ 130.000,00

RECEITA TOTAL	R$ 375.000,00
(–) CUSTO VARIÁVEL	– R$ 200.000,00
(–) DESPESAS VARIÁVEIS	R$ 45.000,00
M.C.T. =	**R$ 130.000,00**

7. **a.** Vendas = R$ 273.000,00
    PV = R$ 7,00   CDV = R$ 2,00   MCU = R$ 5,00
    CDFT = R$ 150.000,00   Ponto de Equilíbrio = R$ 150.000,00 / R$ 5,00 = 30.000 u.,
    logo, não há lucro e nem prejuízo.
    Então, para ter um lucro de R$ 31.500,00 sem 30% de imposto sobre a renda, é necessário dividir
    R$ 31.500,00 / [100% (–) 30%] = R$ 31.500,00 / 0,70 = R$ 45.000,00
    R$ 45.000,00 / R$ 5,00 (MCU) = 9.000 unidades. = Total de unidades a faturar = 39.000 u.
    39.000 u. × R$ 7,00 (PV) = **R$ 273.000,00**
    (–) CDV 39.000 u. × R$ 2,00 = R$ 78.000,00 (–) CDFT R$ 150.000,00 = R$ 45.000,00
    R$ 45.000,00 (–) 30% de imposto sobre a renda = R$ 13.500,00
    Lucro Líquido = R$ 31.500,00

8. **b.** Preço de Venda = Custo Unitário + Tributos sobre as Vendas + Despesas com as Vendas + Despesas Administrativas + Margem de lucro desejada
    PV = R$ 120,00 + 0,2965 PV + 0,03 PV + 0,0235 PV + 0,25 PV = R$ 120,00 + 0,6 PV
    PV – 0,6 PV = R$ 120,00
    0,4 PV = R$ 120,00 portanto PV = R$ 120,00 / 0,4
    PV = R$ 300,00

CAPÍTULO 8

1. **e.**
2. **c.**
3. **d.**
4. A empresa **Marco Antônio** poderá:
    a. ter dificuldade de aumentar os valores dos contratos e até causar a impressão de ser desonesta;
    b. causar descréditos pelos clientes, principalmente pessoas jurídicas, podendo causar, inclusive, dificuldades para concretizar vendas;
    c. dificultar novos investimentos e expansão da empresa;
    d. ter dificuldades com o fluxo de caixa da empresa;
    e. ser acusada de *dumping*;
    f. causar prejuízos, tornar-se inadimplente e até falir.

5. a. A **Empresa Lui** corre o risco de:

    a. incentivar concorrentes, pois percebem que podem ofertar os serviços por preços menores;

    b. perder clientes, principalmente se os custos forem menores do que os benefícios;

    c. incentivar os clientes a buscarem outros fornecedores ou se sentirem enganados;

    d. não incentivar os clientes a solicitarem novos serviços ou realizarem pedidos menores;

    e. perder mercado.

6. Empresa Nei Tonon-ME

    a. R$ 95,00 / (1 – 0,1855) = R$ 116,64

    b. R$ 116,64 / (1 – 0,10) = R$ 129,60

CAPÍTULO 9

1. a.

2. d.

3. b.

4. a. R$ 80,00 – R$ 23,00 – R$ 17,00 = **R$ 40,00**

    b.

Ponto de Equilíbrio	Quantidade	Reais
Contábil	$\dfrac{\text{R\$ 33.000 + R\$ 28.000}}{\text{R\$ 40,00}} = 1.525$ unidades	1.525 × R$ 80 = R$ 122.000,00
Econômico	$\dfrac{\text{R\$ 33.000 + R\$ 28.000 + R\$10.000}}{\text{R\$ 40,00}} = 1.775$ unidades	1.775 × R$ 80 = R$ 142.000,00
Financeiro	$\dfrac{\text{R\$ 33.000 + R\$ 28.000 – R\$2.000}}{\text{R\$ 40,00}} = 1.475$ unidades	1.475 × R$ 80 = R$ 118.000,00

5. R$ 25.000,00 / R$ 25,00 = **1.000 unidades.**

6. a. R$ 25.000,00 / R$ 125,00 = **200 unidades b.** R$ 200,00 × 200 unidades = **R$ 40.000,00.**

7. R$ 600,00 / 0,40 = **R$ 1.500,00.**

8. R$ 10.000,00 / 0,40 = **R$ 25.000,00.**

9. a. R$ 230,00 / (1 – 0,07 – 0,076 – 0,0165 – 0,0175 – 0,02) = **R$ 287,50;**

    b.

Preço de Venda	287,50
Custos e Despesas Variáveis Unitárias	– 230,00
ICMS (7%)	– 20,125
COFINS (7,6%)	– 21,85
PIS (1,65%)	– 4,74375
Comissões (1,75%)	– 5,03125
Margem de Contribuição Unitária	5,75

194 RESPOSTAS DOS EXERCÍCIOS

% MCu = 5,75 / 287,50 = 0,02

PECq = (4.620,00 + 3.600,00) / (0,02 × 287,50) = 1.429,56 unidades

Observação: Como não é possível vender parte de uma unidade, o ponto de equilíbrio deve ser sempre arredondado para cima, logo: **1.430 unidades**.

   c. {4.620,00 + [9.000,00 / (1 – 0,34)]} / (0,02 × 287,50) = 3.175,02 unidades, logo = **3.176 unidades**.

10. a. 171 / (1 – 0,28) = **R$ 237,50**

     5000 / (237,50 × 0,05) = 421,05 unidades

   b. Como se arredonda para cima, deve-se vender **422 unidades**.

     Ponto de equilíbrio contábil (monetário) = 237,50 × 422 = **R$ 100.225,00**.

   c. [5000 + (100000 × 0,01)] / (237,50 × 0,05) = 505,26 unidades. Portanto = **506 unidades**

     Ponto de equilíbrio econômico (monetário) = 506 × 237,50 = **R$ 120.175,00**.

   d. (5000 – 300) / (237,50 × 0,05) = 395,79 unidades. Portanto = 396 unidades × R$ 237,50 = **R$ 94.050,00**

11. Questão 26 do Exame de Suficiência CFC 2015.1

   Resposta: **c.** MC é de **R$ 20,00.**

	650.000,00	32.500,00		
Preço		32,50		32,50
CVDu		12,50		– 12,50
venda u.		35.000	**MCu**	**20,00**
lucro desejado		97.500,00		

12. Questão 22 do Exame de Suficiência CFC 2011.2

   Resposta: **d.** 1, 2, 3.

13. Questão 23 do Exame de Suficiência CFC 2011.2

   Resposta: **c. PEC = R$ 4.488.750,00 e R$ 7.920.000,00.**

	1	%	2	%
Vendas	8.550.000,00	100,00	14.400.000,00	100,00
Custos Var.	– 5.130.000,00	– 60,00%	– 5.760.000,00	– 40,00%
MC	**3.420.000,00**	**40,00%**	**8.640.000,00**	**60,00%**
Custos Fixos	– 1.795.500,00	– 21,00%	– 4.752.000,00	– 33,00%
Lucro	1.624.500,00	19,00%	3.888.000,00	27,00%

	1.795.500,00		4.752.000,00	
	4.488.750,00	40,00%	**7.920.000,00**	60,00%

RESPOSTAS DOS EXERCÍCIOS **195**

14. Questão 24 do Exame de Suficiência CFC 2011.2
Resposta: **b. 1.366.500 unidades**

EI	412.500		EF	**294.000**
+ Produção ?			+ V	**1.485,000**
(–) V	– 1.485.000		(–) EI	**– 412.500**
EF	294.000		**= Produção**	**1.366.500**

15. a.

				PEC	**PEE**	**PEF**
Preço	10,00		10,00	18.000,00	23.000,00	14.000,00
CVDu	8,00		– 8,00	2,00	2,00	2,00
CUSTO FIXO	18.000,00			**9,000**	**11,500**	**7.000**
Deprec	4.000,00					
		mcu	**2,00**			
PL	50.000,00					
10% taxa	5.000,00					

16. Custos Variáveis = (361.250 – 80,000) / 450.000 × 500.000 = R$ 312.500,00
Custos Fixos = 80.000,00 Lucro = 500.000 – 312.500 – 80.000 = **R$ 107.500,00**

Vendas	450.000,00		Vendas	500.000,00
Custo Var.	281.250,00	**62,50%**	Custo Var	312.500,00
CUSTO FIXO	80.000,00		CUSTO FIXO	80.000,00
Custo Total	361.250,00		Custo Total	392.500,00
Lucro	88.750,00		**Lucro**	**107.500,00**

17. Resultado = (20 – 8) × 30.000 – 300.000 = R$ 60.000,00
Lucro Unitário = 60.000 / 30.000 = **R$ 2,00**

	Unidades	**R$**	**R$**
Vendas	30.000	20,00	600.000,00
Custo Var.	30.000	8,00	– 240.000,00
CUSTO FIXO	300.000,00	10,00	– 300.000,00
Custo Total			– 540.000,00
Lucro			60.000,00
Por unidade =			**2,00**

196 RESPOSTAS DOS EXERCÍCIOS

18.

	Unidades	R$	dias	R$
Vendas	80	80,00	30	192.000,00
Custo Variável	40%	– 32,00	30	– 76.800,00
CUSTO FIXO	108.080,00			– 108.080,00
Custo Total				– 184.880,00
Lucro				**7.120,00**

19.
Erika - Análise da relação custo, volume e lucro.

DRE simplificado Custeio Variável / Direto	Produto Calças	unidades 250	Produto Blusas	unidades 250	Total
	Total	unitário	Total	unitário	
Receita	15.000,00	60,00	10.000,00	40,00	**25.000,00**
(–) MOD	– 3.000,00		– 2.000,00		**– 5.000,00**
(–) MD (MP + Embal.)	– 6.000,00		– 4.250,00		**– 10.250,00**
= Margem de Contribuição	6.000,00	**24,00**	3.750,00	**15,00**	9.750,00
(–) Custos Fixos					– 7.000,00
= Lucro	**6.000,00**		**3.750,00**		**2.750,00**
	40,0%		37,5%		11,0%

DRE simplificado Custeio por Absorção	Produto Calças	unidades 250	Produto Blusas	unidades 250	Total
	Total	unitário	Total	unitário	
Receita	15.000,00	60,00	10.000,00	40,00	**25.000,00**
(–) Custos e Despesas	–13.200,00	– 52,80	– 9.050,00	– 36,20	**– 22.250,00**
= Lucro	1.800,00	**7,20**	950,00	**3,80**	**2.750,00**
(–) Custos Diretos	**9.000,00**		**6.250,00**		**15.250,00**
(–) MOD	3.000,00	60,00%	2.000,00	40,00%	**5.000,00**
(–) MD Matl. Embalagem	1.500,00		1.000,00		**2.500,00**
(–) MD MP	4.500,00	18,00	3.250,00	13,00	**7.750,00**
(–)CIF	**4.200,00**		**2.800,00**		**7.000,00**
a) Aluguel	1.920,00		1.280,00		3.200,00
b) Deprec. Equip. Fábrica	480,00		320,00		800,00
c) Desp. Fixas Publicidade	1.800,00		1.200,00		3.000,00
	12,0%		9,5%		11,0%

a. R = R$ 24,00
b. R = R$ 15,00
c. R = R$ 2.750,00
d. R = R$ 7,20
e. R = R$ 3,80

20. d. Margem Operacional = Lucro Operacional / Receita Líquida de Vendas
Margem Operacional = R$ 15.000,00 / R$ 50.000,00 = 30%

21. d. PEE = Ponto de Equilíbrio Econômico, que deve cobrir os custos e despesas fixos e o custo de oportunidade, no caso a expectativa de lucro.
PEE = (Custos e Despesas Fixos + Custos de Oportunidade) / Margem de Contribuição Unitária
Margem de Contribuição Unitária = (Preço de Venda – Custos Variáveis – Despesas Variáveis)
Ponto de Equilíbrio Contábil =
= (R$ 7.000,00 + R$ 2.000,00) / (R$ 10,00 – R$ 2,50 – R$ 1,50 = R$ 6,00)
PEC = R$ 9.000,00 / R$ 6,00 = 1.500 unidades.

22. d. A afirmação I é falsa, pois, se o custo fixo aumentar, é necessário aumentar as vendas para cobrir estes custos e, consequentemente, irá aumentar o ponto de equilíbrio.
A afirmação IV é falsa, pois alterando as variáveis é necessário rever o ponto de equilíbrio.

CAPÍTULO 10

1. d.

2. O GAO será de **1,923077**

	Unidades	R$	R$
Vendas	2.500	600,00	1.500,000,00
Custo Var.		– 450,00	– 1.125.000,00
CUSTO FIXO	180.000,00		– 180.000,00
Custo Total			– 1.305.000,00
Lucro			**195.000,00**

	Unidades	R$	R$	
Vendas	3.000	600,00	1.800.000,00	20,00%
Custo Var.		– 450,00	– 1.350.000,00	
CUSTO FIXO	180.000,00		– 180.000,00	
Custo Total			– 1.530.000,00	
Lucro			**270.000,00**	**38,46%**

198 RESPOSTAS DOS EXERCÍCIOS

DRE da Cia. Wilson	Situação-base $	20%
Receita de Vendas	1.500.000,00	1.800.000,00
(–) Custos Fixos	– 180.000,00	– 180.000,00
(–) Custos Variáveis (30%)	– 1.125.000,00	– 1.350.000,00
= Lucro Operacional (Lajir)	195.000,00	270.000,00
(–) Juros	–	–
= Lucro antes do Imp. Renda	195.000,00	270.000,00

A variação será de  38,4615%

1,923077

3. a. As duas proposições são verdadeiras e realmente a segunda justifica a primeira.
4. b. GAF = % Variação do Lucro Líquido / % Variação do Lucro Operacional
    GAF = (13.500,00 / 6.000,00 – 1)/(27.000,00 / 18.000,00 – 1)
    GAF = 1,25 / 0,50 = 2,5
5. a. GAO = % Variação do Lucro Operacional / % Variação do Volume de Vendas
    GAO (atual) = (76.000,00 / 40.000,00 – 1 / (260.000,00 / 200.000,00 – 1) = 3
    GAO (alterado) = (82.000,00 / 40.000,00 – 1) / (260.000,00 / 200.000,00) = 3,5

CAPÍTULO 11

1. Férias, que corresponde ao salário mensal; adicional de férias, que corresponde a 1/3 do valor das férias; abono pecuniário pelo fato de o empregado solicitar em converter 10 dias das suas férias em abono e respectivo 1/3 do abono pecuniário; décimo terceiro salário; horas extras; adicional de horas extras; adicional noturno; participação nos lucros e resultados (PLR) e outros conforme o caso.
2. a.
3. c.
4. O fator/indicador de impacto consiste na construção de um indicador que serve como meta ou base para planejar e dimensionar o custo com os empregados e que pode variar conforme os benefícios da empresa, o cargo ou a faixa salarial.
5.

Total de dias no ano	365
(–) Dias de repousos semanal remunerado	– 48
(–) Férias	– 30
(–) Feriados	– 14
(=) Número máximo de dias do trabalho	273

RESPOSTAS DOS EXERCÍCIOS

Custo da hora sem encargos	R$ 30,00
Carga horária semanal	20 h
Dias da semana	6
Carga horária média de trabalho diário	3h333 ou 3h 20 minutos
Número máximo anual de horas à disposição	910 horas

Item	Valores em reais
Custo das horas trabalhadas = Número máximo anual de horas à disposição × Custo da hora semanal = 910.000 × R$ 30,00	R$ 27.300,00
Repousos Semanais = Dias de Repouso semanal × Custo da hora semanal × jornada diária = 48 × 30 × 3,33333	R$ 4.800,00
Férias = Dias de Férias × Custo da hora semanal × jornada diária = 30 × 30 × 3,33333	R$ 3.000,00
13 salário = 30 dias relativos ao 13 salário × Custo da hora semanal × jornada diária = 30 × 30 × 3,33333	R$ 1.000,00
Adicional de férias = 1/3 férias	R$ 3.000,00
Feriados = Dias de feriado × Custo da hora semanal × jornada diária = 14 × 30 × 3,33333	R$ 1.400,00
Salários sem encargos sociais anuais	R$ 40.500,00

Item	Valores em reais	Percentual
Previdência social	R$ 8.100,00	20,0%
Fundo de garantia	R$ 3.442,50	8,5%
Seguro de acidentes do trabalho	R$ 1.215,00	3,0%
Salário-educação	R$ 1.012,50	2,5%
SESI ou SESC	R$ 607,50	1,5%
SENAI ou SENAC	R$ 405,00	1,0%
INCRA	R$ 81,00	0,2%
SEBRAE	R$ 243,00	0,6%
Total de encargos sociais anuais	R$ 15.106,50	37,3%

Item	Valores em reais
Salários sem encargos sociais	R$ 40.500,00
Total de encargos sociais	R$ 15.106,50

200 RESPOSTAS DOS EXERCÍCIOS

Item	Valores em reais
a. Custo total anual	R$ 55.606,50
b. Custo total mensal	R$ 4.633,88
c. Custo por hora do operário (R$ 74.142,00 / R$ 1.833,33)	R$ 40,441
d. Indicador de impacto (R$ 40,441/ 20)	2,022

6.

Salário mensal	R$ 4.000,00
Meses trabalhados	11
Salário	R$ 44.000,00
Férias	R$ 4.000,00
Adicional de férias	R$ 1.333,33
13º Salário	R$ 4.000,00
Salário sem encargos sociais anuais	R$ 53.333,33

Item	Valores em reais	Percentual
Previdência social	R$ 10.666,67	20,0%
Fundo de garantia	R$ 4.533,33	8,5%
Seguro de acidentes do trabalho	R$ 2.666,67	5,0%
Sistema S e outros encargos	R$ 1.866,67	3,5%
Encargos sociais	R$ 19.733,33	37,0 %

Item	Valores em reais
Salários sem contribuições	R$ 53.333,33
Encargos sociais	R$ 19.733,33

Item	Valores em reais
a. Custo total anual	R$ 73.066,67
b. Custo total mensal	R$ 6.088,89
c. Indicador de impacto	1,522

RESPOSTAS DOS EXERCÍCIOS 201

CAPÍTULO 12

1. e.

2. c.

3. a. (R$ 100.000,00 / 500) × 250 = R$ 50.000,00
b. R$ 111.000,00 – R$ 50.000,00 = R$ 61.000,00

4. d.

5. c.
ICMS (venda) = (R$ 200,00 × 0,7) × 350 = R$ 49.000,00. ICMS = 18%. Portanto ICMS = R$ 8.820,00
ICMS a restituir = R$ 50.000 × 0,12 = R$ 6.000,00
ICMS a pagar = R$ 8.820 – R$ 6.000 = R$ 2.820,00

6. a.
Peças adquiridas = R$ 50.000 × (1 – 0,12) = R$ 44.000,00
Custo unitário = R$ 44.000 / R$ 200,00 = R$ 220,00
Peças em estoque = 200 × (1 – 0,7) = 60 peças
Estoque final = 60 × R$ 220,00 = R$ 13.200,00

7. b. Tributos sobre as vendas = ICMS + PIS + COFINS = 8.820,00 + 808,50 + 3.724,00 = R$ 13.352,50

8. b. CMV = 140 × R$ 220,00 = R$ 30.800,00

9. Valor de aquisição = R$ 500,00 × 250 = R$ 125.000,00
IPI = R$ 125.000,00 × 0,05 = R$ 6.250,00
Valor de aquisição com IPI = 131.250,00
ICMS = 125.000 × 0,18 = R$ 22.500,00
Custo de aquisição = R$ 131.250,00 – R$ 22.500,00 = R$ 108.750,00
Custo de aquisição unitário = R$ 108.750,00 / 250 unidades = R$ 435,00
CMV = quantidade líquida vendida vezes o custo unitário
CMV = 241 unidades vendidas × R$ 435,00 = **R$ 104.835,00**
Estoque Final = 250 unidades compras (–) 241 unidades vendidas = 9 unidades
Estoque Final = 9 un. × R$ 435,00 = **R$ 3.915,00**

10. ICMS (venda) = (R$ 1.200 × 0,12) × 241 = R$ 34.704,00
ICMS a restituir = R$ 22.500,00
ICMS a pagar = R$ 34.704,00 – R$ 22.500,00 = **R$ 12.204,00**

11. a. Custo Unitário de Compra = $\dfrac{\text{Preço de Compra sem IPI + Seguro e Frete (–) ICMS}}{\text{n}^{\text{o}}\text{ de peças}}$

Custo Unitário da Blusa = $\dfrac{(\text{R\$ 50.000,00 + R\$ 1.000,00 – R\$ 9.000,00})}{1.800 \text{ un.}}$ = **R$ 23.3333**

 b. CPV = R$ 23.3333 × 1.200 un. (vendidas) = **R$ 28.000,00** (relembrando, custo considerar 9 casas)

 c. ICMS (venda) = (R$ 65,00 × 0,12 de ICMS) × 1.200 unidades = R$ 9.360,00

202 RESPOSTAS DOS EXERCÍCIOS

ICMS a restituir = R$ 9.000,00 (ICMS da compra dá direito a crédito e abater do ICMS da venda)

ICMS a pagar = R$ 9.360,00 – R$ 9.000,00 = **R$ 360,00**

---

d. DRE – demonstração do resultado do exercício – Indl. A. Gonzales

Faturamento Bruto com IPI	= R$ 85.800,00
(–) IPI	= R$ (7.800,00)
(–) ICMS	= R$ (9.360,00)
= Receita Líquida de Vendas	= R$ 68.640,00
(–) CPV	= R$ (28.000,00)
= Lucro Bruto	= R$ 40.640,00

---

12. b. Preço sem tributos = Custos + Lucro = R$ 24,00 + R$ 16,00 = R$ 40,00
Preço com ICMS sem IPI = Preço sem tributos / (1 – 0,18) = R$ 48,78, ou seja, se tivesse somente ICMS na venda seria R$ 48,78 (–) 18% de ICMS (R$ 8,78) = R$ 40,00
Preço Final = Preço com ICMS R$ 48,78 + 0,10 de IPI R$ 4,88 = **R$ 53,66**.
R$ 53,66 (–) IPI R$ 4,88 = R$ 48,78 (–) ICMS R$ 8,78 = R$ 40,00 (–) custo R$ 24,00 = Lucro R$ 16,00

13. b. R$ 2,46
O frete foi pago pela empresa que realizou a venda, portanto não gerou custo para o comprador.

6.600,00	2.000	unidades
– 600,00		
– 1.080,00		
4.920,00	**2,4600**	

14. a. V, F, F, V, V.

15. d.

20
R$ 560.000,00
R$ 4.000,00
R$ 920,00
564.920,00

16. b. R$ 32.100,00

RESPOSTAS DOS EXERCÍCIOS   **203**

Deve-se registrar pelo valor original da transação, ou seja, pelo "valor histórico". Pois para os estoques deve-se sempre considerar o menor valor entre o "valor histórico" e o "valor realizável líquido".

17. c. R$ 56.160,00

	30.000	1,40	42.000,00
50.000	20.000	1,50	30.000,00
	− 39.000	1,4400	72.000,00
	11.000	**− 56.160,00**	

REFERÊNCIAS

BEULKE, Rolando; BERTÓ, Dalvio José. *Gestão de custos e resultado na saúde*. Hospitais, clínicas, laboratórios e congêneres. 5. ed. São Paulo: Saraiva, 2012.

BRASIL. Lei nº 6.404, de 15 de dezembro de 1976. Dispõe sobre as sociedades por ações.

_____. Lei Complementar nº 123, de 14 de dezembro de 2006. Institui o Estatuto Nacional da Microempresa e da Empresa de Pequeno Porte.

_____. Lei nº 11.941, de 27 de maio de 2009. Altera a legislação tributária federal.

_____. Regulamento do Imposto de Renda e Proventos de Qualquer Natureza. Decreto nº 3.000, de 26 de março de 1999. 2. ed. São Paulo: Atlas, 1999.

BRUNI, Adriano Leal; FAMÁ, Rubens. *Gestão de custos e formação de preços*. Com aplicações na Calculadora HP 12C e Excel. 6. ed. São Paulo: Atlas, 2012.

CASTRO, L.; SANTOS, F. Implantação do custeio ABC em uma empresa do ramo de prestação de serviços. *Revista Científica Hermes – FIPEN*, jul. 2012. Disponível em: <http://www.fipen.edu.br/hermes1/index.php/hermes1/article/view/68/56>. Acesso em: 5 jun. 2015.

CFC – CONSELHO FEDERAL DE CONTABILIDADE. *Resolução CFC 1.185/09*. Apresentação das demonstrações contábeis (NBC T 19.27). Brasília: CFC, 2009.

_____. *Resolução CFC 1.255/09*. Normas internacionais de relatórios financeiros para pequenas e médias empresas – IFRS – PME (NBC TG 1000). Brasília: CFC, 2009.

_____. Resolução CFC 1.285/10. Apêndice "glossário de termos" à NBC T 19.41. Brasília: CFC, 2010.

_____. Resolução CFC 1.418/12. Aprova a ITG 1000 – Modelo Contábil para Microempresa e Empresa de Pequeno Porte. Brasília: CFC, 2012.

COMITÊ DE PRONUNCIAMENTOS CONTÁBEIS – CPC 16 – Estoques. Comitê de Pronunciamento Contábil. Disponível em: <http://www.cpc.org.br/CPC/Documentos-Emitidos/Pronunciamentos/Pronunciamento?Id=47>. Acesso em: 22 jun. 2016.

_____. CPC 46 – Mensuração do Valor Justo. Comitê de Pronunciamento Contábil.

206 REFERÊNCIAS

Disponível em: <http://www.cpc.org.br/CPC/Documentos-Emitidos/Pronunciamentos/Pronunciamento?Id=78>. Acesso em: 22 jun. 2016.

CREPALDI, Silvio Aparecido. *Contabilidade gerencial*: teoria e prática. 7. ed. São Paulo: Atlas, 2014.

GIDO, Jack; CLEMENTS, James P. *Gestão de projetos*. Trad. da 3. ed. norte-americana. São Paulo: Thomson, 2007.

IBRACON. NPC 2 – Pronunciamento do Instituto dos Auditores Independentes do Brasil – IBRACON nº 2, de 30 de abril de 1999. São Paulo: IBRACON, 1999.

IUDÍCIBUS, Sérgio de. *Teoria da contabilidade*. 7. ed. São Paulo: Atlas, 2004.

_____ et al. *Manual de contabilidade societária*. Aplicável a todas as sociedades. De acordo com as normas internacionais e do CPC. 2. ed. São Paulo: Atlas, 2013.

LINS, Luiz S.; SILVA, Raimundo Nonato Sousa. *Gestão empresarial com ênfase em custos*. Uma abordagem prática. São Paulo: Thomson, 2005.

MARTINS, Eliseu. *Contabilidade de custos*. 10. ed. São Paulo: Atlas, 2010.

_____; ROCHA, Welington. *Contabilidade de custos – livro de exercícios*. 10. ed. São Paulo: Atlas, 2010.

PADOVEZE, Clóvis Luiz. *Curso básico gerencial de custos*. Textos e exercícios. 2. ed. São Paulo: Thomson, 2006.

SANTOS, Fernando de Almeida; VEIGA, Windsor Espenser. *Contabilidade*: com ênfase em micro, pequenas e médias empresas: atualizado pela legislação até janeiro de 2014 (Leis nos 11.638/07, 11.941/09, NBC TG 1000, ITG 1000 e CPC-PME). 3. ed. São Paulo: Atlas, 2014.

WERNKE, Rodney. *Análise de custos e preços de venda*. São Paulo: Saraiva, 2006.

ZANLUCA, Jonatan de Sousa. Ciclos econômico, operacional e financeiro. *Portal Tributário*. Disponível em: <http://www.portaldecontabilidade.com.br/tematicas/ciclos.htm>. Acesso em: 15 out. 2015.